罗马盛衰原因论

〔法〕孟德斯鸠 著

许明龙 译

Montesquieu
CONSIDÉRATIONS SUR LES CAUSES DE LA GRANDEUR
DES ROMAINS ET DE LEUR DÉCADENCE
Œuvres Complètes de Montesquieu
Bibliothèque de la Pléiade, Gallimard, 1951.
本书根据法国伽里玛出版社"七星丛书"1951年版《孟德斯鸠全集》第 2 卷译出。

译者附言

《罗马盛衰原因论》被公认为孟德斯鸠的三大名著之一,自1734年问世以来,一直受到世界各国学者高度评价。商务印书馆早在1962年就出版了婉玲翻译的中译本,迄今尚无第二个中译本。

此次新译《罗马盛衰原因论》,所据底本为法国伽里玛出版社的七星丛书(Bibliothèque de la Pléiade)1951年版的《孟德斯鸠全集》(Œuvres Complètes de Montesquieu)第2卷所载该书文本,译本的"编注"大多采自此书。翻译过程中参考了色伊(Le Seuil)出版社1964年版的《孟德斯鸠全集》(Œuvres Complètes de Montesquieu)所载该书文本,以及从网上下载的该书(http://nimispauci.free.fr/Montesquieu/MontesquieuSommaire.htm.)。对于从网上下载的英文版 Considerations On the Causes of the Grandeur and Declension of the Roman Empire,也有所参考。

中国社会科学院世界历史研究所刘健研究员和吕厚量老师,仔细认真地校阅了《罗马盛衰原因论》全文,对保证译文质量发挥了重要作用,谨向他们致以真诚的谢意。

《有关〈罗马盛衰原因论〉的资料》全部来自《随想录》。《随想录》是孟德斯鸠的笔记之一,对于这部笔记的性质,他说过这样的话:"这是一些没有写入我的著作中去的一些零散的思考和想法,这是一些尚未深入思考的想法,记下来以备有机会时继续思考。我不能对这些想法全都负责。这些想法中的大多数之所以放置在这里,是因为我来不及思考,以后我若要使用这些想法,我将对之进行思考。"手稿共有三册,第一册始于1720年,终于1734年,其间的1728—1731年间因游历欧洲而中断,第二册大致写于1734—1754年间,第三册从1754年直至孟德斯鸠弃世的1755年。孟德斯鸠每写一条都给予一个编号,多年积累而成的文字共2266条。《随想录》一直处于手稿状态,直至1899—1901年方始印行出版。编者巴克豪森(Backhausen)出于方便阅读的考虑,把原稿三册的原有编号打乱,按内容分门别类重新编号,这样一来,《随想录》就有了两种编号,一种是原稿号,另一种是巴(克豪森)氏号。两种编号各有千秋,此后的孟德斯鸠著作编者们根据各自的喜好和需要,分别采用其中的一种。

中译文根据七星丛书《孟德斯鸠全集》文本译出,该全集采用的是巴氏号。翻译过程中参考了色伊出版社的《孟德斯鸠全集》中的相关部分,也参考了戴格拉夫(Louis Desgraves)主编的《孟德斯鸠——〈随想录〉和〈随笔〉》(Montesquieu, Pensées, le Spicilège)1991年巴黎版。

下面对这份资料中每条文字开始前的各种数字略作解释,以137(573. Ⅰ, f°441 v°)为例。137是巴氏编号,573是原稿编号,罗马数字Ⅰ指《随想录》手稿第一册,f°指"页"(其实是"张",即正反两面都书写的一张纸),441指手稿的页(张)码,v°指该页(张)的反面,无v°者则是该页(张)的正面。

译者附言

《论罗马人的宗教政策》(*Dissetation sur la politique des Romains dans la réligion*)采自色伊出版社的《孟德斯鸠全集》。此文被认为是孟德斯鸠为准备《罗马盛衰原因论》而写的一篇论文，1716年6月18日，在波尔多科学院宣读。他在文中重申了当时"哲学家"们的共识，即宗教只是暴君们用以奴役人民的工具而已。此文未在孟德斯鸠生前出版，迟至1799年方首次发表。鉴于此文所论涉及罗马，与《罗马盛衰原因论》的主题相关，故收作附录，以飨读者。

许明龙

2014年4月13日

目　　录

第一章　1)早期罗马　2)它的历次战争……………………（ 1 ）
第二章　罗马人的战法………………………………………（ 10 ）
第三章　罗马人何以变得强大………………………………（ 16 ）
第四章　1)高卢人　2)皮洛士　3)迦太基人与罗马人的
　　　　对比 4)汉尼拔之战 …………………………………（ 20 ）
第五章　迦太基战败后希腊、马其顿、叙利亚和埃及的
　　　　情状…………………………………………………（ 31 ）
第六章　罗马人用以征服各族人民的手段…………………（ 42 ）
第七章　米特拉达梯何以能够成功地抵抗罗马人…………（ 54 ）
第八章　城里从未消失的纷争………………………………（ 57 ）
第九章　罗马覆亡的两个原因………………………………（ 64 ）
第十章　罗马人的腐化………………………………………（ 70 ）
第十一章　苏拉、庞培和恺撒………………………………（ 73 ）
第十二章　恺撒死后罗马的情状……………………………（ 85 ）
第十三章　奥古斯都…………………………………………（ 91 ）
第十四章　提比略……………………………………………（ 99 ）
第十五章　诸位皇帝——从盖尤斯·卡里古拉到安东尼…（104）
第十六章　从安东尼到普罗布斯执政期间的罗马情状……（114）

第十七章　国家机构的变化 …………………………………（125）
第十八章　罗马人采取的新准则 ……………………………（133）
第十九章　1)阿提拉的伟大　2)蛮族定居的原因　3)西罗马
　　　　　帝国何以首先被击败 ………………………………（139）
第二十章　1)查士丁尼的征战　2)查士丁尼的治理 ………（147）
第二十一章　东罗马帝国的混乱 ……………………………（156）
第二十二章　东罗马帝国的虚弱 ……………………………（161）
第二十三章　1)东罗马帝国长期存在的原因　2)它的
　　　　　　覆灭 ………………………………………………（174）

有关《罗马盛衰原因论》的资料 ………………………………（182）
论罗马人的宗教政策 ……………………………………………（201）

第一章 1)早期罗马 2)它的历次战争

我们不能以当今的城市观念来看待早期的罗马,除非是当今克里米亚的城市。克里米亚的那些城市是为了贮藏战利品和乡间的牲畜和农产品修建的。罗马城里一些重要地点的古名也都与城市的这种功能有关①。

倘若不把从远处一直延伸到罗马城里的道路称作街道,那么罗马城里甚至没有街道。房舍的分布杂乱无章,而且都很矮小,因为男子都在工作或是逗留在公共场所,很少待在家里。

但是②,罗马之伟大展现在公共建筑物上。曾经并且至今依旧令人充分领略其强盛的这些建筑物,都修筑于王政时期③。永恒之城那时已经开始修建。

为了夺取公民、妇女和土地,罗慕洛斯及其继承者们几乎一刻不停地与邻邦作战,带着麦捆和畜群等战利品返回罗马城,全城为之欢呼雀跃。这就是凯旋庆典的起源,而凯旋庆典嗣后成了罗马城之所以威武伟大的主要原因。

---

① 瓦罗:《拉丁语》(Varron, De lingua latina),第 44 卷,第 53—54 卷。——编注
② 此节系 1748 年版增添。——编注
③ 塔克文修建的地下水道令狄奥努西乌斯·哈里卡纳斯震惊(参阅《罗马古事记》,第 III 卷,第 144 页,1549 年版)。——罗马的地下水道至今犹存。——孟注

罗马因与萨宾人融合而实力大增，萨宾人与他们的先人斯巴达人①一样，吃苦耐劳，尚武好斗。罗马人一直使用阿戈斯小盾，罗慕洛斯改而采用萨宾人的大盾②。值得注意的是，罗马人之所以能称霸世界，很重要的一个原因是，他们在与一个又一个对手作战中，总是乐于取对方之长补己方之短。

　　意大利各个共和国当时都认为③，它们与某位国王缔结的条约，当他的继位者登基后，便不再具有约束力，这是万民法赋予它们的权利④。因此，原先属于罗马国王管辖的事务便不再受到约束，战争于是接连不断。

　　努玛对罗马的治理长久且太平，致使罗马的国力长期处于平平状态。那时的罗马倘若拥有较大的领土和较强的实力，此后的命运也就不会如此多舛。

　　罗马之所以繁荣的原因之一⑤是历代国王都堪称伟人。一大批先后执政的君主无一例外都是杰出的政治家和统帅，这在其他国家的历史上是找不到的。

　　在社会形成过程中，首领制定了共和国的制度，随后则是共和国的制度造就了首领。

---

　　① 这是源自狄奥努西乌斯·哈里卡纳斯的错误说法，孟德斯鸠在本书第一章中沿袭了这一错误。——编注
　　② 普鲁塔克：《罗慕洛斯传》(Vie de Romulus)。——孟注
　　③ 此节系1748年版增添。——编注
　　④ 罗马历史上的诸王均如此。——孟注
　　⑤ 此节和以下两节系1748年版增添。——编注

第一章 1)早期罗马 2)它的历次战争

塔克文戴上王冠既非元老院也非人民选举的结果①。王权于是变为世袭,世袭的王权变成绝对权力。王权的这两次巨变之后,紧接着又发生了第三次巨变。

塔克文的儿子塞克斯图斯奸污了卢克蕾提娅,此类事情几乎总是以暴君被逐出他们所统治的城市而告终,因为在此类事件中,人民感到自己处于被奴役状态,因而采取极端行动。

对于新征的税赋,人民比较能够容忍,其实他们并不知道从他们身上拿走的这笔钱是否会给他们带来某些好处;但是,他们受到侮辱时不但感受到的只有不幸,而且会联想到其他一切可能的厄运。

不过,革命其实已经到来,卢克蕾提娅之死只不过是个诱因。因为,一个气概豪迈、雄心勃勃、大胆勇敢,但是封闭在城里的民族,迟早会挣断枷锁,否则就只能改变自己的秉性。

罗马只能二者择其一:或是改变政制,或是继续保持贫穷小王国的现状。

当年罗马曾经发生的事情,在近代史上也有实例,此事确实值得关注。因为,无论什么时代,人的感情始终相同。引发重大变革的机遇不同,原因却始终相同。

英国国王亨利七世为扩大下议院的权力而贬斥上议院,古代

---

① 王位空缺期间,元老院指定一位官员负责新王的选举。元老院选出的新王必须获得人民同意。参阅狄奥努西乌斯·哈里卡纳斯:《罗马古事记》,第 II、III 和 IV 章。——孟注

的塞尔维乌斯·图利乌斯也曾为扩大人民的权力而削弱元老院①。但是,勇气倍增的人民,既推翻了图利乌斯,也推翻了亨利七世。

塔克文的形象从未得到好评;凡是谴责暴政的演说家都没有忘记提及塔克文。但是,他在预感到灾祸时采取的应对措施,他对被他征服的各族人民的宽和态度,他对士兵的宽厚,他为让众人服膺于他而使用的手腕,他修建的那些公共建筑,他在战争中显现的勇气,他在厄运面前表现出的坚忍不拔,他在既无王国又无财富的条件下亲历亲为或驱使罗马人进行的那场长达二十年的战争,他那一个又一个的计策,所有这一切都告诉我们,他是一位不可小觑的人物。

对塔克文和对其他人物一样,后人的评价难免不受成败的影响。任何一位君主若是败在某个对手手下,而这个对手后来若是成为霸主,或是力图诋毁这位君主留存至今的好名声,那么,这位君主的声誉肯定会受到重创。

罗马驱逐了国王之后,建立了一年一任的执政官制度,这种政制把罗马的实力提升到了一个新的高度。每位君主在一生中都曾雄心勃勃,但随之而来的则是其他欲望乃至懒散和贪图安逸。然而,共和国的首脑每年更换,他们总是力图在任上政绩卓著,借以获得新的任期,所以他们无时无刻不在展现自己的雄心,鼓动元老院向人民提出进行战争的建议,不断地向元老院指明新的敌人。

---

① 参阅佐纳拉斯的《罗马史》和狄奥努西乌斯·哈里卡纳斯的《罗马古事记》,第 IV 章。——孟注

第一章　1)早期罗马　2)它的历次战争

元老院本身也很愿意进行战争,因为它疲于应对人民不断提出的申诉和请求,所以试图转移人民的怨气,让他们关注外患①。

战争几乎始终是一件能让人民愉悦的事,通过合理分配战利品,就能让战争变得有利于人民。

罗马是一座既无商业也无手工业的城市,劫掠是发财致富的唯一手段。

于是对劫掠行为规定了纪律,人们有序地遵照执行,就像当今小鞑靼人那样。

战利品集中起来②分给官兵。由于开拔之前人人发誓绝不私拿战利品,所以任何东西都不会丢失。罗马人是世界上对誓约最虔诚的民族,誓约始终是他们维护军纪的保障。

留在罗马城里的公民也能享受胜利果实,战败者的部分土地被没收并分成两份,一份出售,其所得归公共机构,另一份分给贫穷公民,分得土地者须向共和国缴纳年租。

只有征战和胜利方能赋予执政官以凯旋庆典的荣耀,所以他们对战争极度狂热,勇往直前,然而,决定胜负的是实力。

因此,罗马永远在打仗,而且始终相当激烈。从治国原理来说,一个始终处于战争之中的民族③,肯定只有两个结果:若非自取灭亡,就得战胜所有其他民族,那些时而打仗时而和平的民族,

---

① 何况元老院的外事权大于内务权。——孟注(此注系1748年版增添。——编注)

② 参阅波利比乌斯,第X章。——孟注

③ 在1734年版中,此注为:"罗马人把外邦人视为敌人。瓦罗在《拉丁语》第IV卷中写道:'Hostis'一词最初的含义就是生活在各自法律下的外邦人"。此注在1748年版中被删除。——编注

从来既不善于进攻,也没有做好防御的准备。

罗马人于是获得了深邃的军事知识。短暂战役中的战例大多被置之度外,和平带来了另外一些想法,不但忘掉了犯过的错误,就连自己的长处也不记得了。

连绵不绝的战争带来的另一个后果是,罗马人若不战胜敌方,绝不缔结和约。确实,何必与一个民族签订耻辱的和约,回过头却与另一个民族开战呢?

在这种想法的驱使下,罗马人越是打败仗,取胜的欲念越强,打败过他们的人因此而心惊胆战,他们自己誓必取胜的意志则越发坚定。

由于始终面临着残酷的报复,坚忍不拔和一往无前成为罗马人不可或缺的品质,这些品质与对自己和家庭以及祖国的热爱难以区分,与人对一切值得珍惜的事物的热爱无法分离①。

---

① 在1734年版中,此注为:

"我们今天在美洲见到的事情曾经发生在意大利:贫弱而分散的原住民把土地出让给新来的人之后,意大利就有了三个不同的民族,他们是托斯卡纳人、高卢人和希腊人。高卢人与希腊人和托斯卡纳人都没有任何联系。托斯卡纳人组成的群体拥有自己独特的语言和习俗;希腊殖民地由原先经常相互敌对的人群组合而成,因而各自利益不同。

那时的世界与现今世界不同;旅行、征战、商贸、某些大国的建立、邮驿、罗盘和印刷术的发明以及某种总体管理的出现,都为交流提供了方便,并在我们之间建立了一种被称之为政治的技艺。人人都能瞥见在宇宙中运动的东西;一个民族若是露出一丝野心,其他民族都会担惊受怕。"

此注所在页的底部对"托斯卡纳人"作了注解(孟德斯鸠笔下的托斯卡纳人是指伊特鲁里亚人),他写道:"不很清楚他们是当地人抑或来自他处,狄奥努西乌斯·哈里卡纳斯认为他们的原籍是意大利。"此注在1734年版中被删除。——编注

第一章　1)早期罗马　2)它的历次战争

意大利人不懂得使用任何围城器械①，再则，由于士兵不领饷，他们很难长时间停留在一个地方，所以他们很少进行决战。打仗是为了占领敌方的营地或土地，战斗停息后，胜败双方返回各自的城市中去。意大利人之所以竭力抵抗，罗马人之所以固执地要制服意大利人，原因即在于此；罗马人屡屡取胜却不会腐败，而且始终身处贫困之中，原因也在于此。

如果他们很快就征服了邻邦，那么当皮洛士、高卢人和汉尼拔来到时，他们或许已经衰败了；如同世界上几乎所有国家都难以避免的那样，他们或许已经飞快地由穷变富，因富而腐败。

可是，自强不息却障碍重重的罗马，虽然令人感受到了其实力，却无法将其扩展；罗马的地盘不大，但是它所体现的品德却影响了整个世界的命运。

意大利人并非全都好战，托斯卡纳人②因富有和奢侈而变得柔弱，塔林顿人和卡普阿人、坎帕尼亚和大希腊地区的所有城市都在闲散和淫逸中日趋萎靡。拉丁人、赫尔尼奇人、埃魁人以及沃尔斯奇人都酷爱战争，他们都居住在罗马四周，对罗马进行难以想象的抵抗，从而把他们的顽强精神传授给罗马人。

拉丁城市都是阿尔巴国王拉丁努斯·希尔维乌斯建立的殖

---

① 狄奥努西乌斯·哈里卡纳斯在《罗马古事记》第 XI 章中对此有明确的记述，史实也表明了此事。意大利人不懂得制作掩护攻城部队的廊桥，他们试图用云梯登上城墙。埃弗卢斯写道，工程专家阿提蒙发明了大型攻城器械。普鲁塔克说，伯里克利在围攻萨莫斯时首次使用这种器械。见《伯里克利传》(Vie de Périclès)。——孟注

② 上注已经说明，托斯卡纳人就是伊特鲁里亚人。这句话系 1748 年版增添。——编注

民地①,这些城市不但与罗马人有共同的渊源,礼仪也相同。在塞尔维乌斯·图利乌斯的推动下②,他们在罗马修建了一座神庙③,作为两个民族的联合中心。拉丁人在雷吉路斯湖之役中战败之后,只得与罗马人结盟,联手作战④。

我们可以清晰地看到,在十大执政官掌权的短暂暴政时期,罗马的强大在很大程度上是倚仗它的自由而实现的,国家像是失去了用以驱动身躯的灵魂⑤。

城里只有两类人,一类是受奴役的人,另一类是为了一己私利而力图奴役全城的人。元老们犹如离开一个外邦城市一样弃罗马而去,邻邦人在任何地方都没有遭遇抵抗。

元老院有能力支付军饷,于是包围韦伊城,围城长达十年之久。罗马人有了新技艺和新的作战方法。他们取得了极其辉煌的胜利,因而从胜利中获利更多。他们于是进行更大规模的征伐,派出更多的人去建立殖民地;总之,攻克韦伊堪称一场革命性的变革。

不过,罗马人的付出一点也不少。他们虽然给了托斯卡纳人、埃魁人和沃尔斯克人以沉重的打击,但是,他们的盟友,即拥有同

---

① 题为《罗马人的起源》(*Origo gentis romanae*)这部书就是这样说的,据说此书的作者是奥勒里乌斯·维克托(Aurélius Victor)。——孟注
② 参阅狄奥努西乌斯·哈里卡纳斯,第IV章。——孟注
③ 此处指罗马城内七座山丘之一的阿梵蒂诺山上的狄安娜神庙。——编注
④ 参阅狄奥努西乌斯·哈里卡纳斯书中(第VI章)拉丁人与罗马人签订的条约之一。——孟注
⑤ 十大执政官以制定书面法为借口控制政府。参阅狄奥努西乌斯·哈里卡纳斯,第XI章。——孟注

样武器和同样军纪的拉丁人和赫尔尼奇人却离罗马人而去,托斯卡纳人内部结成了若干联盟,意大利人中最好战的萨莫奈人则向罗马人展开猛烈攻击。

自从开始给士兵发饷之后,元老院不再把战败者的土地分配给自己的士兵,改而把另一些条件强加给战败者,比如,强迫他们在一段时间中为军队提供饷金①,供应小麦和服装②。

高卢人攻占了罗马,但丝毫没有削弱罗马的实力,罗马的军队与其说战败,毋宁说被驱散,几乎完好无损地全部撤到韦伊去了。民众逃到邻近城市,罗马城的大火烧掉的只是牧人的若干小屋。

---

① 参阅订立的条约。——孟注
② 此节系1748年版增添。——编注

第二章　罗马人的战法

罗马人①自认为生来就是打仗的民族,他们把打仗视为唯一的技艺,把全部才智和心思都用来完善作战的技艺。韦格蒂乌斯说②,罗马人组成军团或许是受了神的启示。

他们认为,为他们军团士兵配备的各种进攻和防御武器,必须比其他任何民族的同类武器更精良、更重③。

可是,战争中有许多事要做,而有些事是重装兵无法完成的,所以,罗马军团中有一支轻装部队,可以脱离军团进行战斗,也可以在必要时回归军团,此外还有一支骑兵队和射手队,用于追击逃敌,胜利地结束战斗。军团还随身携带各种作战器械,以便如韦格蒂乌斯④所说,每当军团驻守某地时,都把驻地布置成战场的模样。

---

① 此章大量使用、概述和翻译了韦格蒂乌斯的《兵法简述》(Végèce, *De re militari*)和弗龙蒂乌斯的《谋略》(Frontin, *Stratagematibus*)两部著作。——编注
② 第 II 卷,第 I 章。——孟注(此注有误,应为第 II 卷,第 XXI 章。——编注)
③ 参阅波利比乌斯和约瑟弗斯的《犹太战争》,第 III 卷,两部书均谈及罗马士兵的武器。约瑟弗斯说,驮着辎重的马匹与罗马士兵没有多大差别。西塞罗说:"他们背负半个多月的粮食、所有其他必需品以及用于防御的器材,至于武器,没有别的东西比他们自己的双手更碍事了。"《图斯库勒论辩》,第 II 卷,第 XV 章。——孟注
④ 第 II 卷,第 XXV 章。——孟注

第二章 罗马人的战法

要让士兵携带比常人所能承受的更加沉重的武器，这些士兵就得个个都是超人，所以他们通过不断锻炼增强力量，通过训练提高灵活性，所谓灵活性其实就是正确合理地支配自己的力量。

我们看到，当今的许多士兵往往死于劳累过度①，而当年的罗马士兵却是凭借高度劳累才得以保存自己的。我觉得，原因在于罗马士兵常年不息地劳累，而现今的士兵则是一阵极度劳累之后，紧接着一阵极度闲暇，这种状况最容易造成死亡。

在这里应该说一说书籍中记载的罗马士兵的训练情况②。他们被要求习惯于以行军速度走路，也就是五个小时走20乃至24里③。以行军速度走路时要负重60磅。他们要养成全副武装奔跑和跳跃的习惯，训练时要带着剑、投枪和弓箭，弓箭的重量比常见的重一倍，这些训练都是连续不断地进行的④。

军事训练不光在军营进行，城里有一个供公民训练的地方（校场）。结束训练后，他们便跳进台伯河，一则为了养成游泳的习惯，一则可以洗掉身上的尘土和汗水⑤。

我们⑥如今对于肢体活动的认识已经不大正确了，在我们看

---

① 尤以挖沟挖坑等最为劳累。——孟注（路易十四下令士兵修建凡尔赛旱桥，不料瘟疫袭来，据说病死者多达万人。——编注）

② 参阅韦格蒂乌斯，第Ⅰ卷。参阅李维，第ⅩⅩⅥ卷，迦太基战争后"非洲人"西庇阿让他的士兵进行训练，马略虽然年迈，却依然每天亲临练兵场。庞培58岁时依然全副武装，与年轻人并肩作战，在飞速驰骋的马背上投掷投枪。（普鲁塔克：《马略和庞培传》）——孟注

③ 1罗马里约等于1478米。——编注

④ 参阅韦格蒂乌斯，第Ⅰ卷。——孟注

⑤ 同上。

⑥ 在1734年版中，此节和下面两节均在第十五章。——编注

来,肢体活动过度者令人鄙视,因为这种活动除了找乐不再有别的目的,而对于古人来说,就连跳舞也是军事技艺的一部分。

我们之中甚至有人认为,战争中使用武器的技巧若是过分高超,反而会被认为滑稽可笑,因为自从引进单兵对垒的习惯以来,剑术已经被视为是斗殴者和胆小鬼的技巧。

有人批评荷马说,他笔下的英雄总是既有力量又有技巧,或是肢体特别灵巧①,说这种话的人应该觉得萨鲁斯特滑稽可笑,因为他夸耀庞培与他的同时代人一样能跑,能跳,能负重②。

每当罗马人发觉自己处于险境,或是想要弥补某个过失时,总是加倍努力强化军纪③。他们不是要与同样骁勇的拉丁人作战吗?曼利乌斯④想到的是提高增强指挥者的威严,于是把擅自出击并取得胜利的儿子处死。他们不是在努曼西亚之战中失利了吗?西庇阿·埃米里安努斯下令没收了士兵身上所有让他们变得柔弱的东西⑤。罗马军团不是屈辱地从努米底亚的轭形门下走过吗?梅特路斯让罗马军团重新采用古老的制度⑥,以此洗刷所受的耻辱。马略为击败辛布赖人和条顿人而着手为河流改道⑦;苏

---

① 此处指拉莫特的《论荷马》(La Motte, *Discours sur Homène*)。——编注
② 韦格蒂乌斯在第 I 卷,第 IX 章中转述的萨鲁斯特的描述。——孟注
③ 军事技艺既是他们国家的首要技艺,也是最后丧失的技艺。军事技艺与罗马共和国的关系极其紧密。(博絮埃:《论通史》,第 III 章,第 6 节。)——编注
④ 参阅李维,第 VIII 卷,第 VI 章。——编注
⑤ 他卖掉了军中的所有驮马,下令每个士兵自带一个月的粮食和七个木桩。参阅《弗洛鲁斯概要》(*Sommaire de Florus*),第 LVII 章。——孟注
⑥ 参阅萨鲁斯特:《朱古达战争》(Salluste, *Guerre de Jugurtha*),第 XLIV—XLV 章。——编注
⑦ 马略修建了从罗纳河通往大海的运河。——编注

拉的士兵在与米特拉达梯对阵的战争中吓得胆战心惊,苏拉的调教获得巨大成功,以至于士兵们要求以战斗来结束他们的痛苦①。

普布里乌斯·纳西卡在并无实际需求的情况下下令士兵们组建船队,因为他对懒散的忧虑甚于对敌人的畏惧。

罗马人对于犯了错误的士兵习惯于以放血作为惩罚,奥卢斯·格利乌斯②对此所作的解释难以令人信服;其实,士兵的主要素质既然是力量,那么,让一个士兵变得孱弱也就是对他的贬损③。

经受如此严格训练的士兵通常都很健康,罗马士兵在各种各样的气候条件下作战,但是在古代史书中看不到他们死于疾病的记述。与之相反,如今的军队却几乎不断地在战役中不战自溃。

我们的军队中常有逃兵,因为好男不当兵,无论哪个民族都是这样,谁也不觉得比他人强,事实也确实如此,在这一点上,谁也不比谁强。罗马士兵开小差的极为罕见,士兵都来自一个自豪和骄傲、确信可以主宰他人的民族,几乎不可能自甘堕落到不想当罗马人的地步。

罗马军队人数不多,所以给养比较容易解决,军官熟悉士兵,士兵若有过错和违犯军纪,比较容易发现。

训练④有素,加上他们修筑的道路非常好,所以他们能够快速

---

① 弗龙蒂乌斯:《谋略》(Frontin, *Stratagème*),第 I 卷,第 XI 章。——孟注
② 第 X 卷,第 VII 章。——孟注
③ 此节不见于 1734 年版,出现在这个位置上的是下面"在当今的战斗中"这一节。——编注
④ 此节系 1748 年版增添。——编注

地进行长途转移①。他们的突然袭击令敌方丧胆,他们往往在受挫之后,趁敌方因获胜而松懈之际出人意料地出现。

在当今的战斗中,任何单兵只有依靠群体才有信心,可是当年的罗马士兵个个身强力壮,久经战阵,素质远胜敌手,始终凭着自己的本领作战。他们具有一种很好的品质,那就是充分意识到自己的力量,也就是勇气。

他们的队伍始终军纪极为严明,当他们处于困境时,总是会在某处集结,敌方也总是不战自乱。所以我们在历史上不断看到,起初因敌方人数占优和士气正旺,罗马人暂时处于下风,但罗马人总能取得最后胜利。

他们最关注的一点是审视敌方可能具有什么优势,然后有针对性地采取措施。他们②看惯了伊特鲁里亚斗士搏斗时的血腥场面③。

高卢人锋利的剑④,皮洛士的大象曾让他们吃惊,但只不过一次而已。他们为了克服骑兵的弱点⑤,使之勇往直前,无所阻挡,

---

① 参阅有关阿斯德鲁瓦尔战败以及罗马人用快速马车进击维里亚图斯等情节。——孟注

② 这一句及其脚注均系1748年版增添。此注除有关伊特鲁里亚人的内容外,重述了本书第十七章中的一个脚注。——编注

③ 参阅大马士革的尼古拉斯的《残篇》,转引自纳奥克拉提斯的阿特纳奥斯的《欢宴的智者》,第IV章。士兵入伍之前先进行一次格斗。参阅尤利乌斯·卡皮托里努斯:《马克西姆和巴尔比努斯传》(Vie de Maxime et de Balbin)。——孟注

④ 罗马人以投枪抵挡利剑,使之失去锋利。——孟注

⑤ 罗马人的骑兵胜过意大利小部族的骑兵队。骑兵队由主要公民组成,公众负责马匹的给养。骑兵一旦下马就变成令人胆寒的步兵,这支由骑兵变成的步兵往往是胜败的决定因素。——孟注

第二章 罗马人的战法

除了不再使用缰绳,还把轻步兵编入骑兵队。他们①见到了西班牙剑之后,就不再使用自己原来的剑②。他们发明了一种对付舵手的器械,波利比乌斯对此作过记述③。总之,如同约瑟弗斯所说④,他们在战争中思索,在平时训练。

无论哪个民族因其天赋或制度而具有某种优点,罗马人都取而用之;为此他们不会忘任何事,于是他们有了努米底亚的战马、克里特的弓箭、巴利阿里的弩、罗得岛的船只。

总而言之,罗马人备战之小心,作战之大胆,没有任何一个民族能与之相比。

---

① 罗马人的骑兵胜过意大利小部族的骑兵队。骑兵队由主要公民组成,公众负责马匹的给养。骑兵一旦下马就变成令人胆寒的步兵,这支由骑兵变成的步兵往往是胜败的决定因素。——孟注

② 这是一些轻装备的士兵,是军团中最机灵的年轻人。一声令下,他们立即跳上马背,或是作为步兵参战。见瓦莱里乌斯·马克西姆,第 II 卷;李维,第 XXVI 卷。——孟注

③ 在第二次布匿战争中,杜伊里乌斯发明了名为"乌鸦"的抓钩,用来对付迦太基的战船,从而把海战变成陆战,参阅波利比乌斯,第 I 卷,第 XXII 章。——编注

④ 《犹太战争》,第 III 卷。——孟注

第三章　罗马人何以变得强大

当今①欧洲各族人民的作战技艺和武器、军纪和作战方法，差异甚微，所以，罗马人非凡的成就令人不解。此外，当今各国实力极不均衡，一个国家根本不可能仅凭一己之力，从神祇为它所安排的屈辱处境中走出来。

这一点值得思索，否则就可能无法理解我们所见到的各种事件，如果不能领会处境的差异，就可能误以为史书中记述的人与我们不是同类。

长期的经验告诉欧洲人，一个拥有百万臣民的君主不应该维持一支万人以上的军队，否则就是自取灭亡。所以，只有大国才能拥有多支军队。

古代共和国不在此例；当今兵民的比例为百比一，但是对于这些共和国来说，这个比例完全可以是八比一。

古代共和国的缔造者们将土地平均分配，由此造就了强大的民族和井然有序的社会，也造就了一支精良的军队，因为人人对保卫祖国寄予同样重大的关注。

当法律不能得到严格遵守时，旧貌便会重现，恰如我们今天所

---

① 本章较多借用阿庇安的《内战史》(Des Guerres civiles)。——编注

第三章 罗马人何以变得强大

处的状况。一些人贪得无厌,另一些人挥霍无度,土地于是转到少数人手中,富人和穷人的相互需求促成了手工艺的引进。这样一来,几乎再也没有公民和士兵,因为,从前用于供养士兵的土地,如今用来供养为新贵们提供奢侈生活的活工具,也就是奴隶和手艺人。国家尽管一团糟,却还是应该存续下去,可是,如果不满足新贵们的需求,国家就会灭亡。在共和国腐败之前①,国家的原始收入被分配给士兵即农夫,而当共和国腐败之后,这些收入就落入富人手中,由他们分发给奴隶和手艺人,国家从中收取税赋,用以维持士兵的给养。

可是,这类人是不适宜于打仗的,他们不但怯懦,而且已经被城市里的奢华甚至他们自己的技艺所腐蚀。不但如此,他们靠自己的本领为生,没有什么东西可失去,也没有什么东西要保护,所以他们根本没有祖国。

国王②被逐后不久进行过一次人口统计③,法莱隆的德米特里乌斯在雅典也进行过一次人口统计④,两次统计的结果大致相同,罗马的人口为44万,雅典的人口为43.1万。然而,进行人口统计时,罗马正处于鼎盛时期,而雅典则已经彻底腐败。我们发现,罗马的成年公民占人口总数的四分之一,而雅典的这个比例则是二

---

① 此节的后半段系1748年版增添。——编注
② 此节系1748年版增添。——编注
③ 狄奥努西乌斯·哈里卡纳斯在他书中第 IX 章第25节中提及的就是这次人口统计。我觉得,他在该书第6卷末尾谈到的,也是在国王被逐六年后进行的这次统计。——孟注
④ 科特西亚斯语,见于纳奥克拉提斯的阿特纳奥斯:《欢宴的智者》,第 IV 卷,第 XVI 章。——孟注

十分之一弱。由此可见,在这段时间中,罗马与雅典的实力对比大体上就是四分之一比二十分之一,也就是说,罗马是雅典的五倍。

莱库古主政时期的斯巴达有九千公民①,而到了亚基斯诸王和克里昂米尼主政时期,斯巴达仅有七百公民②,其中拥有土地者不足百人③,其余都是毫无勇气可言的群氓。亚基斯诸王和克里昂米尼见此情景,决定重新实施相关法律④,斯巴达于是再度崛起,称雄整个希腊。

平分土地使罗马得以摆脱卑微的处境,这一点在后来罗马腐化时体现得尤为明显。

拉丁人拒不承担向罗马派遣援军的义务,罗马立即在城内征召了十个军团⑤,此时罗马还是个小小的共和国。李维写道:"罗马已经强大到全世界几乎都容纳不下了,但是,倘若现在敌人突然兵临城下,罗马人还能像当年那样御敌吗?这确切地表明,我们根本没有变得强大,我们所作的一切只不过是增加促使我们日益腐败的奢华和财富而已。"

提比略·格拉古对贵族们说道⑥:"请告诉我,一个公民和一

---

① 这些居住在城市中的公民的准确称谓是"斯巴达人"。莱库古分给他们九千份,然后分给其他居民三千份。参阅普鲁塔克:《莱库古传》(Vie de Lycurgue)。——孟注

② 在1734年版中,此处有"三万人"字样,但没有后面这个脚注。——编注

③ 参阅普鲁塔克:《亚基斯和克里昂米尼传》(Vie d'Agis et de Cléomène)。——孟注

④ 参阅普鲁塔克:《亚基斯和克里昂米尼传》。——孟注

⑤ 李维,最初十年,第Ⅶ卷。此事发生在罗马陷落不久之后。此时的执政官是福里乌斯·卡米鲁斯。——孟注

⑥ 阿庇安:《内战史》(de la Guerre civile),第Ⅰ卷。——孟注

个终身奴隶,一个士兵和一个对战争毫无用处的人,谁更值得珍惜?你们难道为了比其他公民获得多一点的土地,就甘心放弃征服世界的雄心壮志吗?就愿意冒敌人把你们拒绝交给我们的土地夺走的危险吗?"

第四章 1)高卢人 2)皮洛士 3)迦太基人与罗马人的对比 4)汉尼拔之战

罗马人①对高卢人进行过多次战争。罗马人和高卢人都热爱荣誉、不惧死亡、顽强地争取胜利。但是他们的武器却有差距。高卢人的盾较小,剑也不好;所以罗马人对付高卢人恰如近数百年来西班牙人对付墨西哥人一样。罗马人几乎无时无地不遇到高卢人,但是令人不解的是,高卢人始终引颈受戮,一批接一批被罗马人消灭,却从来不去认识和寻找惨遭不幸的原因,以便设法预防。

皮洛士发兵攻击罗马人时,罗马人正处在能够抵御皮洛士,并从他的胜利中汲取经验教训的状态之中。他们向皮洛士学到了修筑工事、选择营地以及如何对付大象的本领,从而为更大规模的战争做好准备②。

---

① 孟德斯鸠撰写本章的主要依据是阿庇安的著作,关于罗马和迦太基的对比,他参考了波利比乌斯的著作第 VI 卷,第 LI—LV 章。——编注

② 皮洛士战争让罗马人认识到:面对身经百战的敌人,他们应该比过去更加勤奋、更加聪明。他们想到了用大象作掩护,第一仗就打得对手乱作一团。他们避开平原,寻找有利于对付骑兵的地形展开战斗,而他们过去则犯了轻视骑兵的错误。他们发现皮洛士的队伍军容整齐、训练有素,而他们自己这边却杂乱无章,于是按照对方的样子安营扎寨。据圣埃夫勒蒙:《论罗马人民在共和国不同时期中所展现的各种才能》,第六章(Saint-Evrement, *Réflexions sur les divers génies du peuple romain dans les différents temps de la république*, chapitre VI)。——编注

皮洛士的伟大仅在于他的个人品质①，普鲁塔克告诉我们说，皮洛士之所以不得不进行马其顿战争，是为了维持他那支拥有八千步兵②和五百骑兵的军队③。这位死后不再被人提起的小国君主是个冒险家，他不停地进行征伐，因为他若不进行征伐，便无法生存。

皮洛士④的盟友塔伦托⑤今不如昔，难以与其祖先——斯巴达往日的制度相比⑥，他们原本可以与萨莫奈人联手做些大事，但是罗马人把他们几乎彻底摧毁了。

与罗马相比，迦太基富得早，腐败也早。在迦太基，公众所能提供给个人的一切都得通过销售，个人所提供的一切服务都由公众付费；而在此时的罗马，所有公职只能凭借品德获得，公职所能带来的仅仅是荣誉和劳累。

君主的暴戾固然会使国家处于崩溃的边缘，对公共利益漠不关心也会给共和国造成同样的恶果。

对收入管理得较好是自由国家的优越性，然而如果管理得不

---

① 参阅狄翁（Dion）：《罗马史》，第一章，见《论至善与至恶》（*Extraits des vertus et des vices*）。——孟注（此注系 1748 年版增添。《论至善与至恶》是多位希腊作者的一部文集合编，与《使团摘录》（*Extraits des ambassades*）一样，在君士坦丁七世主持下编成。——编注）

② 1734 年版中为："六千步兵"。——编注

③ 《皮洛士传》（*Vie de Pyrrhus*）。——孟注

④ 此节系 1748 年版增添。——编注

⑤ 塔伦托（Tarente），斯巴达流亡者在意大利南部建立的一个重要商业城市，公元前 272 年与罗马结盟，但接着就向汉尼拔打开门户。公元前 209 年被罗马攻克，受到严厉惩罚。——编注

⑥ 查士丁，第二十卷。——孟注

好呢？根本没有宠臣也是自由国家的优越性。然而，如果情况并非如此，不是让君主的亲朋好友发财，而是让政府官员的亲朋好友统统发财，那就一切都完了。所有法律都将形同虚设，其危害甚于君主践踏法律，因为君主始终是国家最重要的公民，所以他最关心维护法律。

基于古老的习俗，罗马人在一定程度上安于贫穷，所以他们的贫富差距不大，但是，在迦太基则不然，一些人的富有程度不在国王以下。

迦太基有两派，一派要和，一派要战，致使迦太基人既不能享有和平，也无法打仗。

战争汇集所有罗马人的利益，与此相反，迦太基人的利益冲突则因战争而更为激烈①。

分裂在君主国里比较容易弥合，因为君主所掌控的强制权可以撮合对立的派别；但是在共和国里，分裂往往旷日持久，因为能够弥合分裂的那个强制权本身受到了分裂的损害。

在依法治理的罗马，人民接受元老院对国家事务的掌管。在权力被滥用的迦太基，人民对一切事务都愿意自己亲为。

迦太基凭借富庶对贫穷的罗马发动战争，不过，此举也为迦太基带来负面结果；黄金和白银日益稀少，而美德、坚忍、力量和贫穷却永远不会枯竭。

---

① 罗马人的一切分裂都因汉尼拔的出现而终止，而西庇阿的出现却加剧了迦太基人的分裂。政府手中已经所剩无几的权力因他的出现而彻底丧失，将军、元老和权贵们在民众眼里更加可疑，民众越发怒气冲天。参阅阿庇安的著作中关于这场西庇阿战争的记述。——孟注

罗马人雄心勃勃是基于傲气,迦太基人野心勃勃则是基于贪婪。罗马人想要发号施令,而迦太基人则想要获得财富。迦太基人①一刻不停地算计收入和支出,总是屡屡开战而并不喜欢打仗。

战事失利、人口减少、商业凋敝、国库耗尽、近邻举事,这就迫使迦太基人接受最苛刻的媾和条件。可是罗马人从不被得失牵着鼻子走,他们只以荣誉为念;由于他们无法想象他们可以不发号施令而存活下去,所以,除了他们强加于人的和解,无论任何企盼或恐惧,都不可能诱使或迫使他们接受和解。

在罗马和斯巴达这样的共和国里,人们守法并非出于恐惧或理智,而是出于酷爱,没有任何力量能比这样的共和国更加强大。因为,在这种情况下,优良政制所具有的睿智与派别所能拥有的全部力量拧成为一股绳。

迦太基人雇用外邦人作战,而罗马的军队则只有自己人②。在罗马人眼里,战败者仅仅是可以用于取得未来胜利的工具,他们把所有被征服者变成士兵;他们认为,越是难以征服的人民,越应该融入他们的共和国。因而我们看到,打了二十四场胜仗之后才被征服的萨莫奈人③,成了罗马人的帮手;第二次布匿战争之前不久,罗马人在对抗高卢人的战争中,从萨莫奈人和罗马的盟友,也就是一个不比教皇国和那不勒斯王国大多少的小国中,竟然征集

---

① 1734年版中还有"以商人意识"字样。——编注

② 圣埃夫勒蒙说,迦太基以商贸立国,罗马以刀剑立国。迦太基雇用外邦人作战,让本国居民从事商贸;罗马把各国公民变成本国公民,把本国公民变成士兵。——编注

③ 弗洛鲁斯,第一章。——孟注

了七十万步兵和七万骑兵①。

　　在第二次布匿战争正酣之时,罗马始终保持着二十二到二十四个军团的兵力;但据李维记述,罗马公民总数只有三十七万人左右。

　　迦太基把大部分兵力用于进攻,罗马把大部分兵力用于防御。前面提到,罗马投入重兵抵御对它实施攻击的高卢人和汉尼拔,却只用两个军团去攻击那几个最大的王国。正因为如此,罗马的兵力永不枯竭。

　　迦太基在当地立足不稳,不如罗马根基牢固。罗马在周围拥有三十个殖民地,从而构成了一道壁垒②。坎尼会战之前,没有一个盟友背弃罗马,这是因为萨莫奈人和其他意大利人都已经习惯于罗马人的统治。

　　非洲的城市大多缺少防御工事,无论遇到谁来攻城,便立即投降。所以,凡是在非洲登陆的人,诸如阿加托克利斯、雷古鲁斯、西庇阿,无一不让迦太基人陷入绝望。

　　迦太基人在与老西庇阿作战期间所遭遇到的一切,都应归咎于政府治理不良,城市居民乃至士兵都饥肠辘辘,而罗马人此时却样样都很富足③。

---

　　①　参阅波利比乌斯。他在提要中写道,他们从罗马城和拉丁人中征集了三十万兵员。——孟注

　　②　李维,第 XXVII 章。——孟注。(博絮埃在《论通史》第三章第 6 节(Bossuet, *Discours sur l'Histoire universelle*, III, 6)中写道,分布在罗马帝国四周的这些殖民地有两大奇效,其一,减轻了罗马城的人口负担,其中大多是贫穷的公民。其二,守卫重要驿站,并使外邦人逐渐熟悉罗马人的习俗。——编注)

　　③　参阅阿庇安:《罗马史》,第 25 章。——孟注

第四章　1)高卢人……4)汉尼拔之战

迦太基的军队战败后越发蛮横暴戾，有时甚至把他们的将军钉在十字架上，用以惩罚他们的怯懦。罗马军队若是临阵脱逃，执政官便让官兵抽签定生死，处死每十人中的一人，然后率领余部继续作战。

迦太基人施行苛政①，严酷地折磨西班牙人，以至于罗马人一到西班牙，就被奉为解放者。迦太基人花费巨资支持的战争以败北告终，由此可见，非正义是个拙劣的管家婆，连自己的意图都无法达成②。

亚历山大城的建立使迦太基的商贸锐减。起初，外邦人因迷信而远离埃及；而占领埃及后的波斯人，一心只想削弱自己的新臣民。不过，在希腊的历任国王治下，埃及几乎经营着全世界的商贸，而此时迦太基的商贸则开始衰落。

依仗商贸建立的强国只能鼎盛于一时，而在长时间中则呈现平庸状态。这些强国崛起时毫不引人瞩目，因为它们悄无声息，不露形迹。可是，一旦到了谁也无法对它们视而不见时，人人都试图剥夺它们的优势，而这种优势可以说是以始料不及的方式取得的。

迦太基的骑兵强于罗马的骑兵，原因有二：其一，努米底亚和西班牙的马匹优于意大利的马匹；其二，罗马的骑兵装备低劣，波利比乌斯告诉我们，罗马人的装备在希腊战争中才获得改善③。

在第一次布匿战争中，迦太基人甫一选定平原地带展开其骑

---

① 参阅波利比乌斯对他们的残暴所作的描述，尤其在第 IX 章中，《论至善和至恶》。——孟注

② 1748 年版中为"非正义是个拙劣的管家婆，无法兑现自己的承诺"。——编注

③ 波利比乌斯，第 VI 章。——孟注

兵，雷古鲁斯便一败涂地；在第二次布匿战争中，汉尼拔几次大获全胜，则得益于努米底亚人①。

西庇阿征服了西班牙并与马希尼萨结盟后，迦太基人便丧失了这个优势，赢得扎马之役并结束此次战争的便是努米底亚骑兵。

迦太基人的海上经验较多，在海战方面也强于罗马人。不过我觉得，迦太基人当时的这种优势若是放在今天就更大了。

古人没有罗盘，只能沿海岸航行，所以他们只能使用划桨的船只，体量小，船底平，大凡可以停泊的锚地都可以用作港口。驾驶知识十分有限，操纵技术微不足道。亚里士多德②曾说③，农夫完全对付得了，没有必要养一批水手。

当年的航海技术相当粗糙，现今的一百支桨几乎等于那时的一千支桨④。

桨手要驱动大船行驶相当困难，无法进行转弯掉头等各种必要的操作。马克·安东尼在亚克兴海战中有过惨痛教训⑤，他率领的船队因笨重而无法行动，以至于遭到奥古斯都率领下的小巧船队从各个方向发动的攻击。

古船靠划桨前进，所以小船可以轻易地击败大船，那时的大船

---

① 努米底亚人的队伍从罗马人身边经过后，罗马人开始透过气来了。——孟注
② 这句话和脚注均系 1748 年版增添。——编注
③ 亚里士多德：《政治学》，第 VII 章，第 VI 节。——孟注
④ 参阅佩罗关于古代船桨的记述。《物理论》(*Essai de physique*)，第 3 题，动物力学(*Mécanique des animaux*)。——孟注(此注和下一个注均系 1748 年版增添。——编注)
⑤ 同样情况出现在萨拉米海战中。见普鲁塔克：《提斯米托克利传》(*Vie de Thésmitocle*)。——孟注

如同现今断了樯桅的船只，充其量是一堆无法动弹的庞然大物。

罗盘发明以后，航海术发生变化，船桨被废弃①，人们远离海岸，开始制造大船，船只变得比较复杂，驾驶技术日益精巧。

火药的发明带来了始料不及的后果，海军的强弱比以往任何时候更加取决于造船术和航海术。因为，想要抵御火炮的强大威力，免受优势火力的攻击，就得制造大型战船，而随着战船越造越大，驾船技术必须不断跟进。

古老的小船突然间短兵相接，双方士兵投入战斗；那时一支船队上可以配置一整支军队。在雷古鲁斯与他的同僚取胜的那场海战中，十三万罗马人对抗十五万迦太基人②。那时，士兵发挥着重要作用，驾船的技术人员无关紧要，如今不同，士兵无关紧要，驾船的技术人员具有举足轻重的作用。

这个区别显现在执政官杜伊利乌斯取得的胜利中。罗马人对航海一窍不通，迦太基人的一艘战船搁浅在岸边，罗马人于是乘机依样仿造，只用了三个月就训练好水手，建造并配备好船队。罗马人的战船下水后，与迦太基人的水师遭遇并把它击溃。

如今，一位君主终其一生恐怕也难以建立起一支强大的舰队，足以与已经称霸海上的强国相抗衡。这可能是唯一仅凭金钱无法

---

① 既然我们放弃了相对古人所拥有的优势，那就可以从中看到古代海军的缺陷。——孟注

② 此处指公元前256年的埃克诺穆斯角海战。参阅波利比乌斯，第Ⅰ卷，第ⅩⅩⅥ章。——编注

做到的事。如果说当今有一位君主做到了这件事①,那么在他人②眼里,此事值得高度赞赏,却难以亦步亦趋地追随。

第二次布匿战争闻名于世,无人不晓。汉尼拔这位非同寻常的强人,把他所面临的众多障碍一一排除,当我们审视此事时,眼前就出现了一幅古代最辉煌的画卷。

罗马的坚忍不拔堪称奇迹。经历了提契诺河之役、特雷比亚河之役、特拉西梅诺之役以及更加惨烈的坎尼之役以后,几乎所有意大利人都抛弃了罗马,罗马却始终拒不求和。这是因为元老院始终不渝地奉行古老的箴言,眼下面对汉尼拔时的这种表现,恰如过去面对皮洛士时的表现,只要皮洛士留在意大利,元老院就绝不与他和解。我在狄奥努西乌斯·哈里卡纳斯的书③中读到,科里奥拉努斯奉命进行和谈时,元老院宣称绝不违反古老的习惯法,只要敌人留在罗马的领土上,罗马人民绝不与其媾和,沃尔斯奇人倘若撤走,则可同意其正当要求。

制度的力量拯救了罗马。坎尼之役后,罗马妇女不准流泪,元老院拒不赎回被俘人员,并把可怜兮兮的残余部队派往西西里作战;在汉尼拔被赶出意大利之前,罗马没有颁发任何奖励和军事荣誉。

与此同时,执政官特伦提乌斯·瓦罗却可耻地一直逃到维努斯。这个出身极其卑微的家伙居然当上了执政官,除了羞辱贵族

---

① 路易十四。——孟注
② 西班牙和莫斯科。——孟注(西班牙的腓力五世未能重建海军,俄国的彼得大帝新建一支海军的愿望也以落空告终。——编注)
③ 《罗马古事记》(*Antiquités romaines*),第 VIII 章。——孟注

之外,没有任何别的作用。但是,元老院并未因这个倒霉的胜利而高兴,它十分明白,在这种情况下得到人民信任才是当务之急,于是派员前去迎接瓦罗,感谢他并未对共和国绝望①。

国家的致命伤通常并不在于一次战役中遭受的实际损失(数千人员),而是想象中的损失和精神颓丧,命运留给国家的力量会因沮丧而丧失殆尽。

有些事情被人谈论,是因为曾经有人提到这些事情。有人认为,坎尼之役后不去围困罗马,是汉尼拔的重大失误。不错,罗马人起初确实惊恐万状,但是一个尚武民族的沮丧很快就会升华为勇气,而卑劣的贱民所能感受到的,只是自己的无能为力,所以,他们的感受与罗马人的惊慌不可同日而言。罗马人当时还有能力向各地派遣援军,这就证明,汉尼拔即使围困罗马也不会成功。

有人还说汉尼拔犯了一个大错,他不该把队伍带到卡普阿去,致使这支队伍在那里变得不堪一击。不过,说这种话的人丝毫不曾意识到,他其实并未找到真正的原因。这支军队的士兵在多次胜仗中发了横财,哪里不能找到卡普阿这样的地方?率领着自己军队的亚历山大在同样的境遇中,采用了下属全是雇佣军的汉尼拔所无法采用的办法:一把火将他自己和全体官兵的所有财富烧得一干二净。有人说②,库里汗征伐印度③之后,留给每个士兵的

---

① 参阅李维,第XXII卷,第LXI章。——编注
② 这句话系1748年版增添。——编注
③ 参阅《论法的精神》,第十章,第17节及相关脚注。——编注

财产只有一百卢比①。

正是汉尼拔的征战开始改变这场战争的命运。他不是被迦太基的官员②派遣到意大利去的;或是由于一派的忌妒,或是由于另一派的过分信任,反正他得到的支援极少。当他的兵员齐整时,他击败了罗马;然而,当他不得不拨出部分兵力去镇守城市、保卫盟友、围困要塞或是防备要塞被围时,他就感到兵力不足,因为大部分兵力已经被零打碎敲地消耗掉了。取得征伐的成功不难,因为他在征伐时拥有全部兵力,想要保住战果却相当困难,因为此时只剩下部分兵力了。

---

① 《库里汗的故事》(*Histoire de Thamas Kouli-Kan*),巴黎,1742 年,第 402 页。——孟注

② 这句话系 1748 年版增添。——编注

第五章　迦太基战败后希腊、马其顿、叙利亚和埃及的情状

我猜想①,汉尼拔的名言很少,褒扬法比乌斯和马塞鲁斯而贬斥自己的话,他说得更少。我不无遗憾地看到李维把花束抛向这些古代巨人,其实我想要看到的是他像荷马那样,不是为他们歌功颂德,而是以生动鲜活的形象展现他们。

不过,传说中汉尼拔说过的话至少应该合乎情理。当他的兄弟被击败的消息传来时,倘若他说迦太基的毁灭早就在他的预料之中,那我就不知道,还有什么比这种话更让人民绝望,更让军队灰心丧气了;因为,人民把自己托付给了他,军队对战后的巨额褒奖满怀着期待②。

迦太基在西班牙、西西里和撒丁等地的军队无一未遭败绩,敌方则越战越强,致使汉尼拔不得不打一场防御战。罗马人于是有了把战争推向非洲的念头,西庇阿在非洲登陆后节节胜利,迦太基人不得不从意大利召回汉尼拔。汉尼拔在这块土地上一次又一次

---

① 孟德斯鸠撰写本章的主要依据是波利比乌斯的论述,波利比乌斯没有提及之处,则参考李维。——编注

② 本章前两节均系1748年版增添。——编注

打败罗马人,如今却要把它拱手交还给对方,痛苦折磨得汉尼拔不禁泪满衣襟①。

为拯救祖国,汉尼拔做了一个伟大的政治家和统帅所能做的一切。与西庇阿媾和的尝试失败后,他挥兵开战;在此次战役中,命运似乎跟他的机智、经验和见识开了个玩笑。迦太基获得了和平,但不是与敌方媾和,而是从主子手中接受和平。迦太基被迫吞下苦果:在50年内支付一万塔兰特、交出人质、交出船只和大象,除非得到罗马同意,否则不得与任何人开战。不但如此,为了让迦太基永受屈辱,罗马还增强了迦太基的宿敌马希尼萨的实力。

迦太基人失势之后,罗马几乎总是小战而大胜,而在此之前却几乎总是大战而小胜。

在这个时期有两个各自分离的世界,迦太基人和罗马人在一个世界里对阵,另一个世界则被亚历山大死后的争吵搅得乱成一团,谁也不关心西方发生了什么②,因为,马其顿国王腓力虽然与汉尼拔缔约,却没有后续行动,他向迦太基人提供的支援微乎其微,从而向罗马人表明了他那白费心思的不良意图。

以为可以冷眼旁观,看着两个大国长期进行苦战,这种政策很糟糕,因为,最终的胜利者会发动新的战争,那些只有公民的国家难以与一个全民皆兵的国家对抗。

这种局面在当时显现得非常清楚,罗马人刚刚征服迦太基就

---

① 参阅李维,第XXX卷,第XX章。——编注
② 正如约瑟弗斯在他的书中指出,罗马人打过许多大仗,希罗多德和修昔底德却都从未谈及罗马人,此事确实令人费解。——孟注

第五章　迦太基战败后希腊……的情状

掉头攻击其他国家,他们出现在各地,试图占领所有地方。

当时在东方能够抵御罗马人的只有四个强国:希腊、马其顿、叙利亚和埃及。让我们看看希腊和马其顿的情况,因为率先败在罗马人手下的就是这两国。

希腊当时有三大民族①:埃托里亚人、亚该亚人和彼奥提亚人,这都是自由城市联盟,拥有人民大会和公推官吏。埃托里亚人比较好战,胆大鲁莽,贪图实利,食言而肥,连誓言也置之脑后,他们在陆地上的作为犹如海盗。亚该亚人疲于对付邻邦和不守本分的防御者的骚扰。彼奥提亚人②是最不灵活的希腊人,最少参与公共事务,眼前的善恶感是他们行动的唯一指导,他们不太机灵,演说家想要煽动他们实属不易,他们的共和国居然能维持在无政府状态下,确实异乎寻常③。

斯巴达保持着强大的实力,也就是莱库古创设的机制所造就的好战习性。色萨利人在某种程度上已被斯巴达人所奴役。伊利里亚的几位国王被罗马人打得一败涂地,阿卡耳南人和阿塔马尼亚人先后遭受马其顿和埃托里亚的蹂躏,既无实力又无盟友的雅典人,唯有对国王的谄媚令人震惊④。如今走上当年德摩斯梯尼

---

① 三大民族实为三大政治同盟。——译注

② 1734年版中的此段文字如下:"彼奥提亚人是最不灵活的希腊人,但最聪明,通常都能和睦相处,指导他们行为的唯一准则是善恶之感,他们有足够的辨识能力,不易为演说家们所煽动,他们还善于遮掩自己的真实利益。"1734年版中此段无注。——编注

③ 官员们为了取悦大众而让法院不再开庭,行将就木的老人把财产交给朋友,以便用于筵宴。参阅波利比乌斯第XX卷,见于《论至善与至恶》。——孟注

④ 他们与希腊的其他民族没有任何联盟(波利比乌斯,第VIII卷)。——孟注

发表演说的那个讲坛的人,为的是建议通过一些最卑劣和最可耻的法令。

不过,希腊的地理位置、实力、众多的城市和士兵、政体、习俗和法律,这一切都令人畏惧。希腊人喜欢战争,懂得如何打仗,如果希腊全境实现统一,它早就已经无敌于天下。

大腓力、亚历山大和安提帕特曾让希腊大为惊恐,但并未将它制服。马其顿诸王放不下欲念和期盼,坚持不懈地力图制服希腊。

马其顿几乎处在难以翻越的群山包围之中,马其顿人非常善战,他们英勇、顺从、勤奋,不知疲倦。这些优良品质应该是来自气候条件,因为时至今日,这些地方的居民依旧是奥斯曼帝国最优秀的士兵。

希腊原来由于某种均势而维持着稳定,斯巴达在一般情况下是埃托里亚人的盟友,马其顿人则是亚该亚人的盟友,可是,罗马人到来之后,所有均势都被打破了。

由于马其顿诸王无力维持一支庞大的军队①,所以任何一次小小的挫败都会带来严重后果。再则,他们很难壮大,因为他们的意图十分明显,大家都睁大眼睛注视着他们的一举一动,他们在为盟友而进行的战争中所取得的胜利,对于这些盟友来说却是需要立即设法弥补的祸害。

不过,马其顿诸王通常都是很机灵的君主。他们治理下的王国不是那种始终按照最初的规矩行事的国家;马其顿诸王持续地

---

① 参阅普鲁塔克:《弗拉米尼乌斯传》(*Vie de Flaminius*)。——孟注(此注系1748年版增添。——编注)

在各种危机和事务中获得教益，在希腊的所有纷争中受到牵连，所以，他们必须把各个城市的头面人物争取过来，让各族人民迷恋自己，致力于分解或聚合利益，总之，他们时刻都有可能被迫付出生命的代价。

腓力主政伊始，便以其中庸之道赢得希腊人的爱戴和信任，可是，正当他因其政策和雄心而可以成为一个公正的君主之时，他却突然改弦易辙，变成一个残忍的暴君①。他看到了实力无限的迦太基人②和罗马人，尽管相隔甚远；他在有利于盟友的条件下结束了战争，与埃托里亚人取得和解。他当然会想到让全希腊与他一致行动，以此阻止外邦人在希腊立脚。可是恰恰相反，他因搞小动作而激怒了希腊，当涉及他本人的存废问题时，他津津有味地谈论徒有虚名的利益，如此拙劣的表现多达三四次，终于在全体希腊人面前把自己搞得面目可憎，人人痛恨。

埃托里亚人最恨腓力，罗马人趁他们满怀憎恨或者说丧失理智之机，与之结成联盟，并进入希腊，武装希腊人对付腓力。

腓力在希诺塞法拉之役③战败，埃托里亚人为此次胜利作出了贡献。丧魂落魄的腓力只得签约，与其说他与胜利者媾和，毋宁说他放弃了自己的兵力，他下令从希腊撤出全部驻军，交出船只，承诺在十年内支付一千塔兰特。

波利比乌斯以其惯常的高明见解，将罗马人和马其顿人的布

---

① 参阅波利比乌斯关于腓力因不公正和残暴而丧失民心的记述。——孟注
② 1734年版中此处只提及罗马人，未提及迦太基人。——编注
③ 公元前197年。——编注

阵方法作了一番对比,马其顿人的布阵方法是亚历山大的所有后继者所采用的那种。他分析了步兵方阵和团队的优劣,认为罗马的布阵方法优于马其顿人的布阵方法。依据当时实际发生的所有情况来看,他的看法看来是有道理的[①]。

罗马人在第二次布匿战争中之所以处于险境,重要原因之一是汉尼拔按照罗马的方式武装自己的部队。但是,希腊人既不更换武器,也不改变战术,他们根本未曾想到要放弃此前屡屡获胜的战法。

击败腓力是罗马人征战全局中最重要的一步。埃托里亚人曾

---

① 此节在1734年版中是个脚注。

博絮埃在《论通史》(第三部分,第Ⅵ章)中讲述了这些优点和缺点,权衡利弊之后,他赞同波利比乌斯的意见。波利比乌斯的意见也得到李维和大多数战略研究专家的认同。博絮埃是这样说的:"马其顿人一心想要保留腓力和亚历山大训练出来的军队的古老战法,以为他们的步兵方阵战无不胜,不相信有人能创造出更加坚固的战阵。不过,波利比乌斯和此后的李维都认为,单就罗马军队和马其顿军队的战斗力而言,从长远来看,马其顿军队难以逃脱被击败的下场,因为,马其顿军队的步兵方阵是由大量兵员组成的一个方阵,四面都很厚实,只能整体移动,而罗马军队的步兵方阵则清晰地分为若干小队,移动起来迅捷而灵活。

由此可见,罗马人找到了或者说学会了一种布阵方法,把队伍分成若干大小营队,并组织后备队,用以从两侧对阵形出现溃散的队伍提供支援,或将之推向前进。让马其顿步兵方队朝着如此布阵的队伍进击,当这部庞大而沉重的战争机器以其全部兵力压过来时,确实令人十分恐惧。但是,正如波利比乌斯所说,它无法长时间保持其天然属性,也就是坚定和持久,因为,它需要合适的地点和特殊的东西,否则它就感到不适,或者因其自身的活动而自行溃散,何况一旦被突破后,它就不知如何重新集结;而罗马军队由于分成若干小队,因而可以利用和适应任何地点,可以任意集结和分散,鱼贯前进或结成大队都很方便,适合于化整为零或聚零为整,也适合于依需要作各种各样整体或局部的变化和发展。总之,它有更多的运动方式,故而,比步兵方队具有更多的行动和力量。让我们与波利比乌斯一同作出结论:步兵方队必定处于下风,马其顿必定被战胜。"——编注

经帮助过罗马人，但是为了确保希腊，罗马人想方设法压低埃托里亚人的地位；此外，罗马还下令以往属于腓力管辖的每个城市和每个君主，从今以后施行他们自己的法律。

很显然，这些小共和国不可能独立自主。希腊人却因犯傻而兴高采烈，以为既然罗马人宣布他们自由了，他们就真的自由了。

埃托里亚人原以为自己是希腊的主宰，如今发现给自己招来了一个主子，顿时陷入绝望。他们遇事总是喜欢走极端，这次又打算以错纠错，把叙利亚国王安条克请到希腊来，恰如当初他们把罗马人请进来一模一样。

叙利亚诸王在亚历山大的诸多后继者中最具实力，大流士的诸多国家除了埃及，几乎全在他们的掌控之中。然而，相继发生的一些事情大大削弱了叙利亚诸王的实力。

叙利亚帝国的创建者塞琉古在他晚年时摧毁了利西玛克的王国。多个省份在一片混乱之中纷纷起事，随之出现了帕加玛、卡帕多西亚和比提尼亚等王国①。可是，这些胆怯的小国总是把老主子的屈辱视为自己的好运。

叙利亚诸王对埃及王国的盛世光景极为忌妒，一心只想着把它征服；由于忽略了东方，致使多个省份丢失，其他省份则不那么听话。

叙利亚诸王最终控制着上亚细亚和下亚细亚。然而经验表明，每当首都和主要兵力都在下亚细亚诸省时，上亚细亚就难以保

---

① 塞琉古卒于280年。色雷斯国王利西玛克卒于281年。帕加玛王国于283年建立。卡帕多西亚王国于312年建立。比提尼亚王国于278年建立。——编注

住；而当帝国的权力中心在上亚细亚时，就会为了保住下亚细亚而导致实力有所削弱。波斯帝国和叙利亚帝国从未如帕提亚帝国那么强大，然而帕提亚帝国却只拥有这两个帝国的部分省份。如果居鲁士不曾征服吕底亚王国，如果塞琉古留在巴比伦，把沿海省份交给安条克人的继承者们，那么，波斯帝国对于希腊人来说，塞琉古帝国对于罗马人来说，就都是不可战胜的。大自然为各国设置了界限，用以挫败人的野心。当罗马人超越这个界限时，帕提亚人几乎总让他们惨遭败绩①；而帕提亚人胆敢超越这个界限时，则被迫退回原处；当今的土耳其人曾越过了这些界限，但也被迫退回②。

叙利亚和埃及的国王在各自的国内有两类臣民，一类是征服者，另一类是被征服者。第一类念念不忘自己的原有身份，所以很难管，他们完全不具有想要挣脱桎梏的独立精神，倒是怀有迫不及待的更换主子的期盼。

叙利亚的国王们不是亚历山大的继承者，而是大流士的继承者，这个王国的最大弱点恰恰来自宫廷。亚细亚各国宫廷从未摈弃的奢靡、虚荣和柔弱之风，在叙利亚随处可见。百姓和士兵也沾染了这种歪风邪气，罗马人与安条克人作战之际，正是罗马人腐败之风盛行之时，所以，叙利亚人的歪风邪气也传染给了罗马人。

成就了不少大事的安条克向罗马人开战之际，叙利亚就处在

---

① 我将在第十五章中阐述原因。这些原因与这两个帝国的地理位置有关。——孟注

② 在库里汗的进逼下被迫退回。参阅《论法的精神》第十章第 17 节中的脚注。——编注

这种腐败之风蔓延之时。可是，安条克甚至不具备常人处理一般事务的才智。汉尼拔试图重启意大利战争，把腓力争取过来，或是让他保持中立；这些事安条克一样也不做，他带着少量兵力出现在希腊，只想看别人打仗，自己并不打算插手。他沉溺于声色犬马之中，作战失利后匆匆逃往亚细亚，比惨遭败绩更为惊惶失措。

在这场战争中，腓力被罗马人夹带着犹如激流般急速前进，他伺候罗马人不敢怠慢，成为他们取胜的工具。促使腓力如此行事的原因很多：他想报复并蹂躏埃托里亚，有人答应减少他的贡赋并留给他若干城市，他对安条克的忌妒以及另外一些小动机等等，但是，他只想让身上的桎梏变得好受一些，并不敢奢望彻底挣脱。

安条克对局势作出了严重误判，竟然以为罗马人会让他在亚细亚平安无事。事实是罗马人立即尾随而来，把他彻底击败。惊恐万状的安条克不得不签署条约，他为此而受到的屈辱为历代君主所仅见。

我不知道还有什么比当今执政的这位君主[①]所作的决定更加气度非凡了。他宁可葬身于王座碎片之下，也不接受一个国王不应听取的建议[②]。他虽然因遭遇厄运而身份下降，但他高傲的灵魂不允许自己更加不堪。他深知勇气能增强王冠的力量，倘若不知羞耻，那就永远做不到这一点。

能打一次仗的君主随处可见，能进行一次大战役的国王却十

[①] 路易十五。——孟注

[②] 在1710年6—7月间举行的基尔特雷顿堡会议前后，荷兰人要求路易十四将其孙子撑下西班牙王座。1712年德南大捷前夕，路易十四宣布，如果他再次战败，他就带领贵族一同赴死。——编注

分难觅。这些国王既能利用命运,又善于等待命运的安排。他们在开战前反复斟酌,一旦开战便勇往直前,无所畏惧。

安条克失势之后,除去埃及,剩下的都是小国。埃及以其地理位置、富庶、商贸、人口以及海上和陆地的实力,本应是一个不容小觑的国家。然而,埃及历代国王个个残忍、无耻、贪婪、愚蠢和穷奢极欲,致使臣民对他们恨之入骨,他们在大多数时间里不得不依仗罗马人的保护,否则便王位难保。

不妨说,埃及的王位继承有一条基本法,那就是兄弟姐妹可以相互继承,为了维持统治者一脉相承,兄弟姐妹可以结婚。然而,就继承顺序而言,很难想象还有比这种制度更坏的做法了。任何一点家庭纠纷都会导致国家混乱,双方中的一方稍感委屈,立即就会煽动亚历山大城的民众反对另一方;为数众多的小民随时都会起哄,哪位国王先煽动他们,他们就立即跟着这位国王闹事。不但如此,昔兰尼王国和塞浦路斯王国通常掌握在这个王族的其他君主手中,而这些君主均有权就一切事务彼此过问,所以,有多少国王就有多少王位觊觎者,执政者的王座因而始终摇摇欲坠,内部的地位不稳导致对外几乎处于无权状态。

埃及诸王犹如亚细亚其他国王,其实力存在于希腊的辅助兵力之中。除了自由、荣誉和光荣等精神之外,希腊士兵不断进行各种体力锻炼,在一些主要城市中举行竞技比赛,优胜者在全体希腊人注视下戴上花冠,人人因而受到激励。在那个胜负取决于手持武器者的力气和技巧的年代,毫无疑问,受过训练的人肯定对乌合之众的蛮族具有极大优势,大流士的军队便是明证。

为了从国王们的手中夺走此类军队,让他们悄无声息地丧失主要兵力,罗马人做了两件事:第一,为希腊的大城市逐步确立一种规矩,未经罗马人首肯,这些城市不得与他人结盟,不得支援任何其他城市,不得向任何城市开战;其次,罗马人与这些国王签订的条约规定,国王们不得在罗马人的盟友城市中征兵,因此,这些国王只能拥有本民族的士兵①。

---

① 他们此前已在与迦太基人签订的条约中规定,迦太基人不得使用他族士兵。狄翁在他的残篇中曾提及此事。——孟注(《残篇》第LXXXII卷。——编注)

第六章　罗马人用以征服各族人民的手段

人们①在繁荣年代里不把平常事放在心上,元老院却一如往常地审慎行事,当军队让所有的人灰心丧气时,元老院让那些心灰意懒的人振作起来。

每当战争结束后,元老院便作为法院评审各个民族,依据功过决定赏罚,将失败者的部分领地拨给盟友。此事可谓一举两得:把那些无须担心并可寄予厚望的国王争取过来,削弱那些不能寄予任何希望而且令人极为担心的国王。

与敌人作战要借助盟友,但是,谁若捣乱就对谁不客气。击败腓力借助了埃托里亚人的支援,但是埃托里亚人后来与安条克沆瀣一气,于是在罗得岛人的支援下把安条克击败;罗得岛人得到了丰厚的回报,但是,后来依然借口罗得岛人要求与珀尔修斯媾和,将他们狠狠羞辱一番。

每当罗马人面对多个敌人时,总是与其中最弱的一个休战,这个弱者为此而庆幸,以为自己的末日被大大推迟了。

---

①　本章的每一行都有罗马史上的精准史实作为依据。参阅阿歇特(Hachtte)出版社 1906 年第 3 版中的脚注和参考文献。——编注

第六章　罗马人用以征服各族人民的手段

每当进行大战时,元老院总是把种种凌辱秘而不宣,静悄悄地等待惩罚的时刻到来。若有人前来告发,元老院宁可把全体人民视作罪人,也拒不惩治被告发者,而是把有效的报复放在未来。

罗马人给敌人制造了难以想象的痛苦,但他们并不寻求组成对付这些敌人的联盟,因为,大凡远离危险的人,谁都不愿意靠近危险。

因此,罗马人很少应战,而总是在适当的时刻,以适当的方式,向适当的敌人开战;被他们攻击的许许多多民族中,想要让他们停手而不遭受凌辱的为数极少。

他们习惯于以主子的口气说话,所以,他们派遣到那些对他们的实力所知不多的国家里去的使节,总是难免受到粗暴的对待,而这又成为他们兴师问罪的借口。

罗马人总想到处入侵,从未真心实意与人媾和,所以他们签订的和约其实只是暂时停战而已。他们在和约中提出的条件总是让那些接受这些条件的国家开始走向毁灭。他们要求对方从战略要地撤出驻军,限制对方的陆军人数,要求对方提供战马和大象,对方若是一个海上强国,他们就要求对方烧毁战船,有时还要求对方到内陆去居住。

摧毁某个君主的军队后,罗马人以支付战争费用为名狂征暴敛,搞垮对方的财政。这其实是一种新的暴政,因为战败的君主被迫压榨自己的臣民,致使失去民众的爱戴。

罗马人与某位君主媾和时,往往扣留他的兄弟或儿子为人质,以此作为任意扰乱该国的手段。被扣留的若是该国王位的第一继承人,他们就可以此威胁王位拥有者,被扣留的若是国王的远亲,他们就利用此人来挑动该国内乱。

某个王公和某国人民若是拒不服从自己的君主,罗马人就立即赋予罗马人民盟友的头衔①,使之变得神圣不可侵犯。这样一来,无论多大的国王都无法再相信自己的臣民乃至家族的忠诚。

这种盟友头衔虽然体现着某种从属地位,可是却很吃香②。因为大家都相信,任何伤害都只能来自罗马人,有了这个头衔之后,伤害就有指望变得小一些;所以,为了取得这个头衔,无论什么样的服务,这些国王和百姓都时刻准备提供,无论什么样的屈辱,他们都准备承受。

他们的盟友有多种,有一些是凭借特权和分享伟大来维系的,例如拉丁人和赫尔尼奇人;有一些从一开始就是盟友,例如罗马殖民地;有一些是因为替罗马做了好事,例如马希尼萨、欧梅内斯和阿塔鲁斯,他们之所以能够拥有自己的王国,他们的王国之所以得以壮大,靠的就是罗马人的支持;还有一些盟友则是借助自愿缔结的条约来维系的,此类盟友由于长期与罗马结盟而变成了罗马人的臣属,埃及、比提尼亚和卡帕多西亚的国王以及大多数希腊城市便是如此;还有一类则是因被迫签约和胁迫而成为盟友的,例如腓力和安条克。罗马人绝不会与不愿与之结盟的敌人媾和,也就是说,一个不愿意成为罗马人制服另一个民族帮凶的民族,罗马人绝不会与之结盟。

---

① 参阅罗马人与犹太人订立的条约,见于《圣经·马加比书(上)》第 VIII 章。——孟注

② 波利比乌斯写道,卡帕多西亚国王阿里阿拉特祭祀诸神,感谢赋予他罗马人民盟友的头衔。——孟注

第六章　罗马人用以征服各族人民的手段

每当罗马人让某个城市获得自由之后，总要在那里制造两个派别①，一派维护本城的法律和自由，另一派主张只有罗马人的意愿才是法律，而这一派永远实力更强，所以，所谓自由不过是徒有其虚而已。

罗马人有时以王位继承为借口使自己成为该国主子，他们以阿塔鲁斯、尼科梅德②和阿比安的遗嘱为由进入亚细亚、比提尼亚和利比亚，埃及则因昔兰尼国王的遗嘱而被捆住手脚。

为了让大国永远是弱国，罗马人不让这些大国的君主与罗马的盟友结盟③，而他们自己却从不拒绝与这些大国的任何一个邻国结盟；这个条件被写进和约之后，这些大国就连一个盟友也没有了。

此外，每当他们击败某个大国之后，必定在和约中写明，该国不得因发生争端而与罗马的盟友（通常也就是罗马的所有邻国）开战，而应由罗马出面仲裁，这就等于剥夺了该国的军事实力。

为了独霸媾和的权力，罗马人甚至剥夺盟友的这项权力，盟友之间只要发生一点小争端，罗马人立即派遣使节去逼迫争执双方媾和。只要想一想罗马人如何终止阿塔鲁斯与普鲁西阿斯的战事，即可明白。

每当某个君主虽然取得胜利却耗尽实力时，罗马使节立即突然来到，从这个君主手中把胜利夺走。不妨回想一下罗马人如何

---

① 参阅波利比乌斯关于希腊城市的记述。——孟注
② 菲洛帕托的儿子。——孟注
③ 安条克便是一例。——孟注

仅凭一句话就把安条克逐出埃及①,这种例子成千上万。

罗马人深知欧洲民族个个英勇善战,于是制定一条法律,不许亚细亚的任何一个国王进入欧洲,更不许他们在欧洲征服任何一个民族②。罗马人之所以向米特拉达梯开战,就是因为他违反这项禁令而打败了一些蛮族③。

每当两个民族对阵时,尽管双方都不是罗马人的盟友,与双方都毫无纠葛,罗马人依然不放过出头露面的机会,他们如同今日的流动骑士一样站在弱者一边。恰如狄奥努西乌斯·哈里卡纳斯所说,罗马人有一个古老的习惯,谁来求他他就帮谁④。

罗马人的这种习惯并非偶尔发生的个例,而是恒常不变的原则,以下事实充分表明了这一点:罗马人用以对付大国的指导方针,也就是当初用以对付小国的那些指导方针。

罗马人利用欧梅内斯和马希尼萨制服腓力和安条克,恰如当年利用拉丁人和赫尔尼奇人制服沃尔斯奇人和托斯卡纳人一样;他们让迦太基和亚细亚诸王交出舰只,恰如当年让安齐奥交出船队一样;他们⑤切断马其顿四个部分的政治和民事联系,恰如当年

---

① 这是一则传说,公元前168年罗马使节臣波皮里乌斯曾为安条克划定领土范围。——编注

② 战争爆发之前就禁止安条克进入欧洲,此举成为一个先例,对所有其他国王都适用。——孟注

③ 阿庇安:《米特拉达梯战争》(*de Bello mithridatico*)。——孟注

④ 狄奥努西乌斯·哈里卡纳斯著作片断,引自《使团摘录》(*Extraits des ambassades*)——孟注(这是又一部古代作者的文集,同样是在君士坦丁七世主持下编成的。——编注)

⑤ 以下这句话系1748年版增添。——编注

第六章 罗马人用以征服各族人民的手段

切断拉丁小城市联盟的相互联系一样①。

不过,罗马人一以贯之的指导方针是分而治之②。亚该亚共和国原本是一个由若干自由城市组成的联盟,元老院宣布,各个城市今后依照各自的法律治理,不再从属于一个共同的权威。

彼奥提亚共和国的一部分原本是若干城市的一个联盟。可是,由于在攻击珀尔修斯之战中,一些城市追随珀尔修斯,另一些追随罗马,罗马人于是瓦解了这个城市联盟,宽容地接纳了追随罗马的那些城市③。

当今某位大国君主见到邻国国王被迫退位时,倘若也遵照上述指导方针行事,他就会竭尽全力使其保住王位,但把这位国王的权力限制在忠于他的那个小岛上④。作为大国君主唯一的潜在劲敌,国王的权力被如此分割后,大国君主就能从他的这位盟友——国王的不幸中获得巨大好处。

每当⑤一个国家内部出现争执时,罗马人首先对情况作出判断并由此确定,反对他们的仅仅是被他们谴责的那一派。如果争执双方是血亲⑥,罗马人有时就宣布双方都是国王⑦;如果其中一

---
① 李维,第 VII 章。——孟注
② 1734 年版中此段文字如下:"若是有一个国家因其本国状况或与他国结盟而令人畏惧,罗马人必定设法将其肢解。"——编注
③ 1734 年版中有以下这段文字:"马其顿四面环山,难以翻越,元老院将其一分为四,并宣布它们各自自由,禁止它们之间进行包括联姻在内的各种联系,此外,罗马人还把马其顿的贵族迁移到意大利,从而彻底化解了这支强大的力量。"——编注
④ 此处影射路易十四和詹姆斯二世的爱尔兰远征(1689 年)。——编注
⑤ 在 1734 年版中,此节位于前三节之前。——编注
⑥ 例如卡帕多西亚的阿里阿拉特和奥勒菲(阿庇安:《叙利亚战争》)。——孟注
⑦ 1734 年版中的此处尚有一句:"借此同时剥夺两位国王的权力。"——编注

个更年轻,罗马人就宣布此人为王①,而由罗马以全世界保护者的身份担任这位国王的监护人。罗马人的专横跋扈无以复加,以至于成为他们臣民的人民和国王无须知道究竟为什么,因为对于罗马人来说,听说过罗马人就是成为罗马人臣民的理由。

罗马人远征前,都要先在敌方邻近处找到一个能够出兵支援的盟友,由于罗马的远征军人数从来不多,所以他们在离敌方最近的省份配置第二支部队,并在罗马准备好随时可以开拔的第三支部队②。这样,罗马人用于作战的就只是一小部分兵力,而敌方则为一争高下而几乎投入全部兵力③。

他们有时还玩弄词语的细微区别。他们摧毁了迦太基,却说他们承诺要加以保存的是城邦,而不是城市。对他们寄予信任的埃托里亚人上了他们的当,此事几乎尽人皆知。罗马人诡辩说,对敌人寄予信任,就意味着丧失人和物、土地和城市,乃至庙宇和坟墓。

他们甚至专横地任意解释条约的含义。例如,他们为了打击罗得岛人,说什么把吕西亚交给罗得岛人时,不是作为礼物,而是作为朋友和盟友。

某位罗马将领为挽救即将被歼灭的军队而准备签署和约时,元老院不予批准,却利用媾和继续进行战争。例如,朱古达将一支

---

① 为了以监护人的身份将叙利亚置于死地,他们宣布拥立安条克的儿子为王,反对册立德米特里乌斯。安条克的儿子尚未成年,他被罗马人扣押为人质后,恳求罗马人为他主持公道,为此不惜称罗马为父,称元老们为母。——孟注(此注系1748年版增添。——编注)

② 这是历史上常见的惯常做法。——孟注

③ 看看他们在马其顿战争中的做法就明白了。——编注

第六章 罗马人用以征服各族人民的手段

罗马军队围困后,出于对和约的信任放走了这支军队;可是,罗马人却派这支被朱古达拯救的军队去攻击朱古达。又如,努曼西亚人成功地将两万罗马士兵置于濒临饿死的境地,迫使罗马人不得不求和。可是,罗马却撕毁了这项拯救了无数罗马公民生命的和约,而且为了欺骗公众,竟然把签署和约的那位执政官撤职了。[①]

罗马人与某个君主缔结和约时所提的条件有时比较合理,可是当这位君主接受这些条件后,罗马人却又提出另一些令人难以接受的条件,结果导致重新开战。比如,朱古达应罗马人的要求交出大象、马匹、珍宝和战俘之后,罗马人竟然要求朱古达把自己也交给他们;这对于朱古达来说不啻是灭顶之灾,当然不可能接受这样的媾和条件[②]。

最后,罗马人对国王们个人的错和罪进行审判。他们让那些与腓力有隙的人对他进行指控,并派员保证他们的人身安全;罗马人还指使某些人当着他们的面指控珀尔修斯犯有谋杀罪,与罗马的某些结盟城市的公民有龃龉。

由于评定一位将领的功劳的依据是他带回来的金银数量,所以他绝不会给战败者留下任何值钱的东西。罗马就用这种办法致富,因而每打完一仗,就有了打下一仗的本钱。

[①] 他们对萨莫奈人、卢西塔尼亚人和科西嘉岛上的各族人民,都采用这种手段。关于科西嘉各族人民,参阅狄翁,第1卷。——孟注(此注系1748年版增添,1734年版的原注如下:"当克劳狄乌斯·格里西亚斯与科西嘉人民媾和时,元老院下令继续对科西嘉人作战,并将格里西亚斯交给岛上居民,但岛上居民拒不接受。至于从轭形门下走过的故事,那是众所周知之事。"——编注)

[②] 他们对维里亚托也是这样干的,先是要求维里亚托交出战俘,接着要他交出武器,维里亚托和他的部下拒不接受这个要求。参阅狄翁,片断。——孟注

罗马的朋友或盟友为了保持或扩大罗马人给予的照应,不惜倾其所有,向他们赠送难以计数的礼品①,为此而花在罗马人身上的钱财,只需拿出一半就足以把罗马人打败了②。

罗马人作为世界的主宰把所有财富都收归己有,同为掠夺者,征服者的身份比立法者的身份稍稍名正言顺一点。他们知道,塞浦路斯国王托勒密拥有巨额财产,他们于是依据一位保民官的建议制定了一项法律,依据此项法律,他们从一位并未过世的人手里获得了继承权,并据此没收了一位盟国君主的财产。

公家未曾搜刮干净的财富都落到贪婪的私人腰包里。法官和省督们以不公道的手法向国王们索取钱财。为了寻求一种向来都不可靠的保护,两个竞争者争先恐后地大把花钱,借此对付尚未囊空如洗的对手。强盗在打劫时尚且还讲道理,这些人连强盗都不如。无论正当的或不正当的权力,都只有钱财才能维护,所以,君主们为了获得权力,恣意搜刮庙宇,没收富有公民的财产。为了把全世界的财富都交给罗马人,什么罪都敢犯。

然而,罗马从中获益最大的,莫过于全世界对它的敬畏。罗马首先让国王们默不作声,然后让他们变得愚不可及,问题不在于他们的权力还有多大,而是他们的人身遭受了损害。冒险发动一场战争,那就意味着被俘、死亡以及在凯旋庆典上受辱。故而,生活在灯红酒绿中的国王们不敢正眼审视罗马人民。他们不再有勇

---

① 元老院回赠各国国王的礼物都是小玩意儿,诸如一把椅子、一根象牙棒,或是几件官服等。——孟注

② 弗洛鲁斯,第 III 卷,第 IX 章。——孟注

气,只能借助忍气吞声和低三下四延缓日益逼近的悲惨境遇的到来①。

请大家关注罗马人的行为。安条克吃了败仗之后,罗马人就成了非洲、亚细亚和希腊的主人,尽管他们在那些地方几乎没有自己的城市。他们进行征服似乎只是为了付出。不过,他们依然是不折不扣的主人,当他们向某位君主发动战争时,可以说是用整个世界的重量来压垮这位君主。

占据被征服国家的时刻尚未到来。罗马人若是把持从腓力手中夺来的城市,就会引起希腊人的警觉;若是在第二次布匿战争或对安条克之战以后攫取非洲和亚细亚的土地,他们就难以保住尚未巩固的战果②。

需要耐心等待各民族习惯于以自由人和盟友的身份服从命令,方能让他们如同臣民一样听命于罗马,并在罗马共和国里逐渐丧失自我。

不妨③看一看雷吉路斯湖之役后与拉丁人签订的条约④,它为罗马人的强大打下了重要基础,让人怀疑罗马人怀有称霸之心的字眼,在条约中一个也找不到。

他们采用的是长期潜移默化的征服方式;一个民族被征服后,

---

① 他们竭尽全力不让罗马人知道他们的实力和财富。参阅狄翁著作中的相关段落,见第Ⅰ卷。——孟注(此注系1748年版增添。——编注)
② 他们不敢在那里展示自己的殖民地,宁可让迦太基人和马希尼萨相互忌妒,以便利用双方的支援制服马其顿和希腊。——孟注
③ 此节系1748年版增添。——编注
④ 狄奥努西乌斯·哈里卡纳斯曾谈及此事,见第Ⅵ卷,第XCV章,牛津版。——孟注

罗马人只是将其削弱而已,他们强加一些条件,使之在不知不觉间销蚀;这个民族若是再度崛起,罗马人就施以更加沉重的打击,于是,这个民族便慢慢地变成了罗马的臣民,却说不清它究竟在什么时候沦为罗马的臣属。

因此严格地说,罗马既非君主国,也不是共和国,而是由全世界各族人民组成的那个躯体的头颅[①]。

倘若西班牙人当初征服墨西哥和秘鲁之后也实施同样的计划,他们就不至于为了保住征服成果而毁灭一切了。

征服者若想把自己的法律和习俗强加给被征服民族,那就是愚不可及,有百害而无一利。因为,无论在何种政体下,人都是可以服从的。

不过,由于罗马并未强制实行任何具有普遍性的法律,各民族之间没有任何危险的联系。他们只是因为共同听命于罗马而组成为一个整体,大家都是罗马人,却并非同一个国家的同胞。

有人可能会反驳说,建立在采邑法基础之上的帝国从来都是短命的,而且从未强大过。可是,世界上最矛盾的事莫过于罗马人的计划和蛮族的计划[②]。若用一句话来表述,前者是强大的产物,后者是弱小的结果。在罗马人那里是极端的俯首帖耳,在蛮族那

[①] 博絮埃在《论通史》第三部分第 VI 章中写道:"看到这些民族如今都已成为实力惊人的王国时,我们不禁心有余悸。高卢各族和西班牙各族,几乎整个大不列颠以及直至多瑙河的伊利里亚,直至易北河的日耳曼,直至望而生畏和无法穿越的沙漠的非洲、希腊、色雷斯、叙利亚、埃及、小亚细亚的诸多王国、黑海与里海之间的各个王国,依据我记不起来或者不想提起的那些王国,谁都知道,在过去数百年中,他们都是罗马的行省。"——编注

[②] 在 1734 年版中,此处为"哥特人的计划"。——编注

里则是无拘无束。在那些被征服的日耳曼国家里①，政权掌控在附庸手中，君主手中只有法律而已。在罗马人那里则恰好相反。

---

① 在1734年版中，此处为"在哥特人国家中"，这就将哥特人和日耳曼人混为一谈了。——编注

第七章 米特拉达梯何以能够成功地抵抗罗马人

在所有①曾经遭受罗马人攻击的国王中,唯有米特拉达梯进行了英勇的自卫,并将罗马人逼入险境。

米特拉达梯的国家地理位置优越,非常适宜于作战,它与交通极端困难的高加索接壤,那里居住着许多可以供人驱使的凶狠好斗的民族。高加索直接通往黑海,米特拉达梯的船队就在黑海上游弋,并经常前往斯基泰人那里招募新兵。他可以杀向亚细亚而无所阻挡。他很富有,因为他在黑海边上的那些城市在与手工艺落后的那些国家的贸易中获利颇丰。

此时开始成为常态的流放迫使不少罗马人背井离乡。米特拉达梯热情地收留他们,把他们招进他所组织的军团,使之成为最精锐的部队②。

另一方面,受困于内忧的罗马忙于应付眼前的麻烦,因而疏于

---

① 孟德斯鸠撰写本章的依据以阿庇安的著作为主,弗洛鲁斯的著作为辅。——编注

② 弗龙蒂乌斯在《谋略》第 II 卷中写道,米特拉达梯的骁将阿凯劳斯在与苏拉作战时,把侧置战车放在第一排,步兵方阵放在第二排,按罗马方式武装的辅助队放在第三排。米特拉达梯甚至与塞多留结盟。参阅普鲁塔克:《鲁库拉斯传》(*Vie de Lucullus*)。——孟注

第七章 米特拉达梯何以能够成功地抵抗罗马人

处理亚细亚事务,一任米特拉达梯乘胜前进或是受挫喘息。

大多数国王之所以惨遭灭顶之灾,最主要的原因就是他们毫不隐讳地表示愿意签订和约。他们期盼着摆脱困境,但这样一来,他们就自绝于愿意与他们共赴艰险的其他民族了。不过,米特拉达梯却让全世界都知道他是罗马人的敌人,而且永远与罗马人为敌。

最终,希腊和亚细亚的那些城市,眼看罗马人强加在它们身上的桎梏日益沉重,遂将信任寄托在这位号召争取自由的蛮族国王身上。

事态的这种发展最终导致三次大战,成为罗马史上蔚为壮观的篇章。之所以蔚为壮观,是因为在这个篇章中看到的,不是安条克和提格兰这类骄奢而傲慢的国王,也不是腓力、珀尔西亚和朱古达这类胆小如鼠的国王,而是一位胸襟宽广的国王,他在逆境中就像一头受伤的雄狮,越发怒气冲天。

这三次战争都有些非同寻常,其间不断发生出人意料的变故。米特拉达梯虽然能够轻易地弥补他的军队所遭受的损失,他的蛮族士兵却也在受挫时不再听从指挥,不再遵守纪律,乃至弃他而去;他虽然善于鼓动民众,挑动城市反叛,他的将帅和妻儿却对他背信弃义;他的对手中虽然有一些笨拙的罗马将领,却也不乏苏拉、鲁库拉斯和庞培这样杰出的统帅。

这位君主在击败罗马将领和征服亚细亚、马其顿和希腊之后,败在苏拉手下,不得不签约退回原有地盘;罗马将领把他弄得精疲力竭,他却再度成为战胜者;征服了亚细亚之后,他被鲁库拉斯赶回他自己的领土,被迫投靠提格兰;提格兰战败后山穷水尽,米特拉达梯只能自寻出路,于是逃回自己的国家去重振旗鼓。

庞培接替鲁库拉斯之后,米特拉达梯又一次厄运临头,他逃离自己的地盘,穿越阿拉克斯,在拉兹人的土地上经历了一个又一个艰难险阻,一路上收集蛮族士兵,最终到了博斯普鲁斯[①],出现在与罗马人缔结了和约的儿子马卡列斯面前[②]。

坠入深渊的米特拉达梯拟订了一个计划,把战争推向意大利,他率领若干民族一路杀向罗马,数百年后征服罗马的正是这些民族[③],走的也正是这条路[④]。

米特拉达梯的另一个儿子法纳西斯,以及被他的雄心和将要遭遇的风险吓坏了的军队,把他出卖了,他以无愧于国王的气概悲壮地死去。

庞培就在此时以其取得的多次速胜终于成就了罗马的壮丽和伟大,他把众多的地区并入罗马帝国,与其说增强了罗马的实力,毋宁说是为罗马雄伟和庄严的景象增了光、添了彩。庞培虽然在凯旋仪式的横幅上写道,他把财政收入提高了三分之一,然而,罗马的实力并未增强,公众的自由受到更大的威胁[⑤]。

[①] 指基美利亚博斯普鲁斯即刻赤海峡。其实,米特拉达梯仅到过科尔基斯以西,并未穿越阿拉克斯。——编注

[②] 米特拉达梯封他为博斯普鲁斯国王。听到其父来到的消息后,马卡列斯自杀而亡。——孟注

[③] 孟德斯鸠此处所指是西哥特人和东哥特人,他们所占地区过去曾是在米特拉达梯的煽动下起义的萨尔马提亚人和斯基泰人的居住地。——编注

[④] 参阅阿庇安:《米特拉达梯之战》(de Bello mithridatico)。——孟注

[⑤] 参阅普鲁塔克:《庞培传》(Vie de Pompée);参阅佐纳拉斯的著作,第 II 卷。——孟注

第八章　城里从未消失的纷争

正当①罗马全力以赴试图征服全世界之时，罗马城里却悄悄地进行着一场看不见的战争；就像火山一样，只要有一点东西增强其沸腾程度，火焰立即猛烈喷发。

国王被驱逐之后，政权就变为贵族政体。贵族的各大家族攫取了所有官职②，因而也就享有所有军事和民事的荣誉③。

贵族为了防止国王们返回罗马，竭力加剧人民的不稳定情绪。但是，他们的所作所为远远超出了这些，他们希望人民憎恨国王，从而促使人民追求自由的愿望更加强烈。国王的权力全部转到了执政官手中，但是人民觉得④，贵族让他们无限热爱的那个自由，他们并没有得到。人民于是就试图削减执政官的权力，想方设法设置平民官吏，让平民也能担任坐在象牙椅上的高官。贵族出于无奈，只得答应他们的所有要求。这是因为在城市里，贫穷被视为公众的美德，而财富作为通向权力的秘密路径，却遭到蔑视，所以，

---

　　①　孟德斯鸠撰写本章的主要依据是李维的著作。——编注
　　②　贵族甚至具有某种神圣的性质，只有贵族可以从事占卜。参阅李维阿皮乌斯·克劳狄乌斯的演说。——孟注
　　③　比如，只有贵族可以举行凯旋庆典，因为只有他们能当执政官，能统帅军队。——孟注
　　④　即平民。——编注

出身和地位都不能带来多大好处。所以，权力应该回到最大多数人手中，贵族政体应该逐渐变成民众的国家。

　　与生活在世袭贵族政体下的人相比，生活在国王统治下的人更受羡慕和忌妒的熬煎。君主远离臣民，臣民根本无缘见到君主；君主高高在上，臣民难以想象他们与君主之间会有什么不愉快的关系。然而，主政的贵族暴露在众目睽睽之下，他们并不那样高不可攀，无法阻止民众进行导致憎恨贵族的对比。所以，无论过去或现在，人民都厌恶元老院的成员们①。在共和政体中，出身不带来任何统治权，所以共和政体在这方面是最好的政体。人民可以授权给他们中意的人，也可以随时收回授权，所以人民就不会忌恨权力机构。

　　人民对贵族不满，退守圣山。于是派员前去疏导。人民彼此约定，贵族若不信守承诺，民众就应相互支援②。若果真如此，骚乱随时都可能发生，官员的各种职务都难以履行。大家觉得不如创设一种官职，用以防止针对平民的不公正行为③。可是，由于人性的痼疾，成为保民官的那些平民不但用权力自卫，还用来攻击他人，一步步取消了贵族的所有特权，于是抗议不断。人民得到保民官的支持或者说煽动，而贵族则得到元老院的保护，因为元老院往往由贵族组成，而贵族们更倾向于依照古老的规矩行事，他们害怕在老百姓的纵容下，保民官最终会变成暴君。

---

① 孟德斯鸠此处所指为数年前他曾到过的威尼斯。——编注
② 佐纳拉斯的著作，第 II 卷。——孟注
③ 人民保民官由此诞生。——孟注

第八章 城里从未消失的纷争

为了进行自卫，人民运用自己的力量和选举中的优势，他们拒绝奔赴前线，以离开这个国家作为威胁；他们还利用法律的偏袒，扬言要对顽固地与人民作对的人进行审判。元老院用以进行自卫的手段是：智慧、公正和它所激发的对祖国的热爱、它所做的好事和对国家财产的合理分配，人民对望族的荣耀和伟人的美德的敬重①，以及宗教和古老的制度；此外它还运用了如下这些手段：以预兆不吉利为由取消人民大会的召开，利用自己的门客、保民官之间的对立，扶植一位独裁官②，以战争和被占领将会带来灾祸，并促使所有利益沉瀣一气相威胁；最后，元老院以父辈之尊满足人民部分要求，使之放弃其他要求，并坚持奉行恒久不变的原则：将共和国的安全置于官员所享有的特权之上，不管其官职有多高。

此后，平民竭力压低贵族，致使家族之间的区别变得毫无意义③，

---

① 人民热爱光荣，他们曾经在战场上出生入死，不可能不把选票投给曾经率领他们战斗的伟人。他们获得了选举平民的权力，但是他们选的却是贵族，他们相信一定会有一位平民执政官，这就等于把自己的双手捆绑住了。所以，被选为官员的平民家族成员当选之后，始终表现出明显的倾向。人民能把那些微不足道的瓦罗、马略等人选为官员，这是他们针对自己取得的胜利。——孟注（1734年的此注如下："人民十分敬重权贵家族，所以，尽管他们获得了选举权力与执政官相同的平民军事保民官的权利，但是，人民依然选举贵族担任此职，他们不得不捆住自己的手脚，保证始终有一位平民执政官，每当平民家族出身的人担任公职时，这些家族就持续不断地担任公职；人民想要削弱贵族的势力，但实行起来相当困难。人民能把那些微不足道的瓦罗、马略等人扶上重要职位，应该看作是他们战胜了自己而取得的胜利。"——编注）

② 贵族为了自卫，习惯于扶植一位独裁官，而且常常获得成功。然而，平民既然能当选为执政官，自然也能当选为独裁官，从而让贵族目瞪口呆。参阅李维的著作第 VIII 卷中关于普布利乌斯·费罗如何在他独裁官任内压低贵族地位，并制定了三项对贵族损害极大的法律的记述。——孟注

③ 贵族为自己仅仅保留了某些职位和设立一位副王（entre-roi）的权力。——孟注

贵族和平民都同样可以获得荣誉。然而，新的争执又产生了，一方是平民，支持这些平民的是保民官，另一方是被称为权贵的贵族和平民大家族，支持这些大家族的是由这些大家族的成员组成的元老院。然而，由于古老的习俗不复存在，某些人拥有巨额财富，而财富不可能不产生权力，所以，权贵们的抵抗远比贵族更为激烈，这正是格拉古兄弟和若干为实现自己的计划而努力的那些人死于非命的原因①。

应该说一说对维护罗马政权作出了巨大贡献的那个官职，也就是监察官。他们进行了人口普查②，再则，共和国的力量存在于纪律严明、风尚朴实和不懈地尊重习俗之中，因而，他们就得矫正法律不曾预见、官员无法惩处的弊端③。比犯罪更恶劣的事例不止一件两件，因风尚败坏而覆亡的国家多于因法律败坏而覆亡的国家。在罗马，凡是有可能将新的危险玩意儿带入罗马、改变公民精神、妨碍罗马永存——恕我斗胆使用这个词——的行为，以及内部或公共领域的混乱，都被检察官一一改造。他们可以把他们认为不称职的元老逐出元老院，可以从骑士手中把他由公众喂养的马匹收回，可以让公民转入另一部落，甚至让他转入在城市中只纳

---

① 例如萨图尼努斯和格劳西亚斯。——孟注
② 在1734年版中，此处有一个脚注："公民人口普查是明智之举，借此可以探知公民的现状以及他们的实力。人口普查制度的始首创者是塞尔维乌斯·图利乌斯，欧式洛庇在他的著作第Ⅰ卷中写道，此前全世界从无人口普查制度。"——编注
③ 不妨看看他们如何处置坎尼之役后主张放弃意大利的那些人、那些向汉尼拔投降的人、那些因错误解读而没有兑现向他许下的诺言的人。——孟注

第八章 城里从未消失的纷争

税但不能享受权利的部落①。

李维先生甚至咒骂人民,他把 35 个部落中的 34 个部落归入丝毫不能享受城市权利的那一类②。他写道:"你们把我判了刑,接着又让我担任执政官和检察官,你们肯定渎职了,至少一次,那就是判我刑,甚至两次,那就是让我先当执政官,后当检察官。"

检察官们把人民保民官杜洛尼乌斯逐出元老院,原因是他在职期间废除了一项限制筵宴开支的法律③。

他们不能撤销任何官员的职务,应该说这是一项明智的制度,因为否则就会影响公共权力机构的运转④。但是,他们有权降低某个公民所属的等级,甚至可以剥夺他的特殊贵族身份。

塞尔维乌斯·图利乌斯⑤有一个留名青史的做法:把公民分

---

① 这种人被逐出百人团并被剥夺选举权。——孟注(1734 年版中无此注。但此节尚有以下文字:"他们最终把目光投向共和国的局势,把人民分配到各部落中去,从而使保民官和野心家不能控制选举,人民不能滥用权利。"这段文字原来还有一个脚注:"平民与贵族斗争的结果是,法律和选举终于可以在由部落召集的人民会议上,而不是百人团召集的会议上讨论议决。共有 35 个部落拥有投票权,其中 4 个为城市部落,31 个为乡村部落。由于罗马人只有打仗和种地两种受人敬重的职业,所以乡村部落受人尊重,而其余 4 个部落中只有被称作半公民的受人鄙视的无地公民,其中大多数不上战场打仗,原因在于征兵按百人团建制进行,凡是属于城市部落的人,大体上也就是属于百人团中第六等的那些人,这些人不是征兵的对象。所以,选票很难掌握在下层民众手中,因为他们大多在 4 个城市部落中。不过,人人为了脱离这 4 个部落而弄虚作假,只有检察官每五年可以纠偏一次,他们把自己喜欢的人任意分配到某个部落中去,不只是某个公民,而是一群公民。参阅本书第十一章的一个脚注。还应参阅李维著作中的十年版第 I 卷,他在书中详细讲解了塞尔维乌斯·图利乌斯对民众所做的分类,这是同一些人,但从不同的角度进行分类。"——编注)
② 李维,第 XXIX 卷,第 XXXVII 章。——孟注
③ 瓦莱里乌斯·马克西姆斯,第 II 卷。——孟注
④ 元老院里的元老并非官员。——孟注
⑤ 此节系 1748 年版增添。——编注

成若干百人团。李维①和狄奥努西乌斯·哈里卡纳斯②对此作了详尽的阐述。他将193个百人团分为6个层级,把所有下层民众编入最后一个百人团,并成为第6层级中的唯一百人团。这种做法尽管并未从法律上剥夺下层民众的选举权,但是他们事实上却失去了参与选举的权利。接下来又作出规定,除去某些个别情况外,选举按部落分别进行。4个城市部落和31个乡村部落共计35个部落,各有一票投票权。主要公民即全体农民都理所当然地被分入乡村部落,下层民众则被分入城市部落③。这些下层民众相当闭塞,对公共事务的影响极小,这一点被一些人认为是共和国安全的保障。阿庇乌斯·克劳狄乌斯曾将下层民众分编到所有部落中去,但是,法比乌斯将这些下层民众再度编入4个城市部落,此举为他挣得了"伟人"的尊号④。检察官们每隔五年对共和国的实际情况进行一次检查,将人民分入不同的部落,借以防止保民官和野心家掌控选举,同时也防止人民滥用自己的选举权⑤。

---

① 第Ⅰ卷。——孟注
② 第Ⅴ卷,第15章及以下。——孟注
③ 被称作市集人群(Turba forensis)。——孟注
④ 李维,第Ⅸ卷。——孟注
⑤ 检察官的作用不限于对此作出评估,也不限于对组成共和国的个人进行道德分类,而是还要对他们进行人数统计。博絮埃就此在《通史论》第三部分第Ⅵ章中写道:"罗马因而查清能够扛枪的公民人数,也知道了对正在成长的青年人可以寄予何种希望。因此,罗马对于来自非洲的敌人仅仅作出适度的抗击,因为某个外邦将会消灭这个敌人,尽管援军姗姗来迟,需要的只是时间,胜利是肯定无疑的,因为他们付出了无数血的代价。正因为如此,元老院始终非常清楚,尽管遭受了极大损失,罗马尚有不少精兵良将,但也只能以拖延时间来避免被击败的结局。坎奈之役受挫导致民众不满,自此以后,元老院发现共和国的实力已经大为削弱,敌人如果加大压力,罗马只能凭借勇气予以抵挡,所以不应因遭受重创而自乱阵脚,而应静观敌人如何迈出胜利的步伐。不久

第八章　城里从未消失的纷争

罗马的政体十分优良，其优良之处在于：这个政体自建立以来，借助人民的精神、元老院的力量和某些官员的威望，所有滥权行为都得到了矫正。

迦太基之所以溃亡，是因为在最需要制止滥权时，就连汉尼拔也不被允许这样做。雅典之所以倒下去了，是因为雅典人认为自己的过失微不足道，因而无须矫正。意大利诸共和国自诩其政体将永不衰败，其实他们应该说，他们的滥权行为永远不会停止。所以，与十大执政官时期的罗马相比，雅典的自由并不更多①。

英格兰的政体堪称最为优秀②，因为那里始终有一个实体对政府实行监督，同时也对自己不断地进行自我监督。它的错误从来不会长期得不到纠正，而且由于引起全国的关注，这些错误甚至往往能够使坏事变成好事。

总而言之，一个自由的政府，也就是说一个始终充满活力的政府，如果没有用以自纠的法律，那是无法支撑下去的。

之后，罗马人发现，汉尼拔没有扩大战果，而是在一段时间里尽情享受其胜利成果。元老院见到这种形势后大为放心，清醒地意识到：一个因沉溺于胜利的喜悦而错失更大胜利的敌人，绝不可能战胜罗马人。罗马从此没有一天不在作更大的打算，而汉尼拔尽管机智、勇敢，而且屡战屡胜，却终究未能顶住罗马。"——编注

① 实力也不比那时的罗马强。——孟注
② 在1734年版中，此句为"欧洲最优秀之一"。——编注

第九章　罗马覆亡的两个原因

　　罗马①的统治仅限于意大利境内时，共和国的生存极为容易。每个士兵同时都是公民，每个执政官都征召一支军队，其余公民在下一任执政官的统率下奔赴前线。鉴于兵员数量不很大，被招募的士兵大多来自富户，因为他们更关心城市的安全②。再则，元老院密切注视将领们的举动，打消他们的一切非分之想。

　　不过，由于每次战事结束之后，一部分官兵不得不留在占领地，所以罗马的军队越过阿尔卑斯山和大海之后，多个军团就渐渐丧失了公民意识，将领们则因掌控着军队和被征服的王国，自以为羽翼丰满而不再服从指挥。

　　于是，士兵们的眼里只有自己的统帅，把自己的一切希望都寄托在他们身上，因而与罗马的关系日益疏远。故而，这些军人不再是共和国的军队，而是苏拉、马略、庞培、恺撒的士兵了。率领一支军队驻守在某个行省中的那个人，究竟是自己的将领抑或是自己的敌人，罗马再也分辨不清了。

---

　　① 孟德斯鸠撰写本章的主要依据是阿庇安和弗洛鲁斯的著作。——编注
　　② 按人头纳税的释奴和充人头者（Capite censi）只拥有极少财产，除非形势特别紧迫，否则他们不会被征入陆军。——孟注

第九章　罗马覆亡的两个原因

罗马人民能够托付给保民官的只有权力,保民官败坏了人民的风气,元老院却完全能够独善其身,因为元老院一刻不停地在行动,而民众却往往从一个极端走到另一个极端,从狂暴变为孱弱。然而,当人民能够让他们所拥戴的人取得对外大权时,元老院纵然聪明绝顶也无能为力了,共和国也就寿终正寝了。

自由国家之所以寿命短于其他国家,原因在于它们所遇到的福与祸,几乎无一例外地使它们丧失自由;而一个人民遭受奴役的国家所遇到的福与祸,则总是进一步巩固人民被奴役的状态。共和国若是足够明智,那就不应进行结局吉凶不明的冒险,它唯一应该追求的便是国祚永续。

若说帝国的广袤幅员毁掉了共和国,那么,城市的巨大规模同样也会毁掉共和国。

罗马在意大利各族人民的支援下征服了全世界,也在不同时期把各种特权回赠给意大利各族人民①;大多数民族起初对于取得罗马公民权并不在意,有些民族宁愿保持自己原来的习俗②。然而,一旦罗马公民权等同于世界最高权利,有了罗马公民的头衔就有了一切,没有这个头衔就什么都不是,意大利各族人民此时断然决定,只要不死就一定要当罗马人。由于无法借助密谋或恳求达到目的,他们就诉诸武力;伊奥尼亚海沿岸的各族人民发动起

---

①　*Jus latii*, *jus italicum*(拉丁人的权利就是意大利人的权利)。——孟注(此注系1748年版增添。——编注)

②　埃魁人在集会上说道:"有机会选择的人都选了自己的法律,而不要罗马的公民权;因为对于那些无法维护罗马公民权的人来说,这种权利是一种必须承受的负担。"(李维,第 IX 卷,第 XLV 章。)——孟注

义,其余盟友闻讯而起①。罗马被迫面对当初征服世界时的得力助手,处境十分凶险,眼看只能退缩到罗马城内,不得不把罗马公民权赋予对此期盼已久且依然忠于它的盟友②,此后逐渐扩大到所有人③。

罗马此时已经今非昔比,全体人民以往只有一种同样的精神、一种同样对自由的热爱、一种同样对暴政的憎恨,他们那种对元老院的权力和权贵们的特权始终掺杂着忌羡的尊敬,其实是对平等的渴求。意大利人成为罗马公民后,每个城市都为它带来了自己的才能和各自的特殊利益,以及对某个强大的保护者的依赖④。被撕裂的罗马城不再是一个整体,公民的身份因变得虚幻而徒有其名,官员、城墙、神祇、神殿乃至坟墓都已面目全非,所以人们不再以原来的眼光看待罗马,不再如先前那样热爱祖国,对罗马的眷恋于是也就随之消失了。

一些野心勃勃的人把一些城市乃至整个国家引入罗马,借以干扰和操纵选举,民众集会成了不折不扣的阴谋场所,由少量歹徒组成的团伙被称作"群众集会";人民的权威、人民的法律乃至人民本身都变得虚幻,无政府状态严重得无以复加,以至于人民是否通

---

① 阿斯库兰人、马尔西人、维斯提尼人、马鲁奇尼人、菲兰坦人、希尔皮尼人、庞培人、维努希安人、亚基杰人、卢卡尼亚人、萨莫奈人以及其他民族。(阿庇安:《内战》,第Ⅰ卷,第XXXIX章。)——孟注

② 托斯卡纳人、翁布里亚人、拉丁人。此举促使若干民族归顺罗马。由于某些其他民族也被赋予罗马公民权,他们于是放下武器,最终被歼灭的只有萨莫奈人。——孟注

③ 公元前89年的普劳蒂亚·帕皮利亚法对此作出规定。——编注

④ 请想象一下意大利人民这个魔鬼一样的首脑,他借助每一个人的选票引领着世界!——孟注

第九章　罗马覆亡的两个原因

过了某项法律也无法确认①。

一些作家在他们的著作中只是说，罗马因分裂而覆亡，可是，他们却未曾看到，产生分裂是必然的，过去一直有分裂，将来也照样有分裂。造成灾祸并且促使纷争变成内战的唯一原因是共和国太大了。罗马不可能没有分裂，在对外作战时如此英气逼人、勇往直前、令人胆寒的军人，在面对国内事务时不可能温文尔雅。在一个自由的国度中，要求在战场上骁勇善战的人在平时胆小如鼠，不啻是缘木求鱼。就一般规律而言，如果在一个号称共和国的国家中，人人静若死水，那必定是因为没有自由。

在一个政治团体中，要把所谓的团结说清楚不太容易。真正的团结是和谐的联合，其中的各个方面无论表面上多么对立，却都有助于社会的普遍福祉，犹如音乐中的不协和音有助于整体协和一样。在一个被认为混乱不堪的国家里也可以有团结，也就是说，可以有一种带来福祉的和谐，那就是名副其实的和平。这情形就如同宇宙的各个部分，永远因其中若干部分的作用和其他部分的反作用而浑然一体。

但是，在亚洲的专制政体即一切非宽和政体中，始终存在着实实在在的分裂，农民、军人、商人、官员和贵族之所以彼此有联系，只不过是一些人压迫另一些人，而被压迫的人并不反抗，倘若在他们之间发现团结，团结在一起的不是公民，而是埋在地下一个挨一

---

① 参阅西塞罗：《西塞罗致阿蒂库斯的信》，第Ⅳ卷，第ⅩⅦ封信。——孟注（孟德斯鸠在本书第十章中提及此信。——编注）

个的尸体。

罗马的法律后来变得软弱无力,难以继续治理共和国。但是,我们始终看到的一个事实是,一个小共和国一旦变成大共和国后,当初促成这个变化的那些优良法律反而变成了负担;究其原因,这些法律理应发挥的作用是缔造一个大国,而并非治理一个大国。

优良的法律与适用的法律区别甚大,前者使一个民族得以主宰其他民族,后者使一个民族保持其已经获得的权力。

当今世界上有一个几乎谁都不知道的共和国①,它每天都在秘而不宣地悄悄增强自己的实力②。可以肯定的是,倘若某一天它终于达到了它的智慧所设定的规模,它必然会变更法律,此举将不是立法者所为,而是腐败使然。

罗马是为了不断扩张而建立的,就此而言,罗马的法律非常出色③。因此,无论过去是什么政体,国王主政也罢,贵族主政也罢,民众主政也罢,罗马从未停止需要有人引领的伟业,而且屡屡获得成功。罗马比世界上其他国家高明并非一天两天,而是始终如此;它所治理的无论是小国、大国抑或不大不小的国家,总是胜过他国,凡是幸运,它都从中获益,凡是坏事,它都从中吸

---

① 伯尔尼大区。——孟注
② 此处指1712年伯尔尼在对天主教各区的战争中所取得到胜利。——编注
③ 1734年版中有如下脚注:"有人认为,罗马的政体是君主、贵族和民众三种政体混合而成的政体,是一种劣质政体。然而,政体的优劣不在于是否与政治著作中所说的某种治国之术相吻合,而是能否满足所有立法者所关注的人民伟大和富足的期盼。斯巴达的政体不也是三种政体的混合体吗?"——编注

第九章　罗马覆亡的两个原因

取教训。

罗马之所以失去自由,是因为它过早成就了它的事业①。

---

① 博絮埃在《通史论》第三部分,第 VII 章中对此作了如下陈述:"对于罗马的衰亡还可以添加许许多多的原因。债权人对债务人追逼过紧,致使大规模骚乱频发。角斗士和奴隶的人数多得惊人,罗马和意大利因而一再发生可怕的暴力事件乃至血腥的内战。由于大量的内外战争耗尽了人口,罗马只得兼用正当和不正当的手段增加新公民,以至于在大量新归化的人群中,罗马人几乎不认得自己了。元老院中满眼都是蛮族,罗马人的血统也不那么纯了,罗马人原本以其对祖国的热爱优于世界其他民族,但对于外来的新公民来说,热爱祖国就并非理所当然了,其余的人则因民族混杂而品行变坏。来自各地的新公民大量涌入,帮派之风日盛一日,唯恐天下不乱的人也就有了制造混乱的新招。

然而,奢华、放荡和怠惰之风造成了越来越多的穷人,穷极潦倒的人找不到出路,只好铤而走险。大野心家们很少想到自己可能与穷人们一起完蛋,穷人们则没有什么东西可失去,所以他们都期盼发生大变。这两种公民中的罗马公民中成了多数,唯一能维持平衡的力量是站在中间的国家机构,但是国家机构已经变得十分虚弱了,共和国于是只能垮台"。——编注

第十章　罗马人的腐化

我认为，共和国晚期传入罗马的伊壁鸠鲁学派，对腐蚀罗马人的心灵和精神起到了推波助澜的作用①。希腊人在此之前已经受到这个学派的腐蚀，所以他们比罗马人更早腐化。波利比乌斯说，在他那个时代，希腊人无法凭誓言获得人们的信任，罗马人则时时受着誓言的约束②。

西塞罗致阿蒂库斯的信中提及的一件事让我们得以知道③，从波利比乌斯那时以后，罗马人在这方面发生了多大变化。

西塞罗在信中写道："迈密乌斯刚刚向元老院通报了他和另一位竞选人与执政官们签订的协议，协议规定，执政官们将支持他们下年度连任，而他们两人必须向这几位执政官支付四十万塞斯特斯，否则，他们必须提供三位占卜官和两位前执政官作为见证者，

---

①　西尼阿斯在皮洛士的餐桌上发表了一通言论后，法布里西乌斯表示，他希望所有与罗马作对的人都采用这个学派的原则。参阅普鲁塔克：《皮洛士传》(Vie de Pyrrhus)。——孟注（此注系1748年增添。——编注）

②　"你倘若借给希腊人一个塔兰特，即使有十个许诺、十个保证和十个证人，那也是徒劳，他们不会信守诺言。可是在罗马人那里，无论涉及公共财物或是个人财产，只要发过誓，就不会有人撒谎。这就是说，让人们畏惧地狱是很聪明的，如今要摧毁地狱是没有道理的。"（波利比乌斯，第Ⅵ卷。）——孟注

③　第Ⅳ卷，第ⅩⅧ封信。——孟注

第十章 罗马人的腐化

前者必须声明,当人民表决通过库里亚法时,他们都在场[①],尽管实际上并无此法;后者则必须声明,元老院签发关于处理各行省事务的法令时,他们都在场,尽管事实上并未发布过此项法令。"仅仅一项交易合同就牵扯到这许多无耻之徒!

宗教始终是公序良俗的最佳保障,除此之外,罗马人还有一个独特之处,那就是在他们对祖国的热爱之中融合着些许宗教感情。在最吉祥的时刻建造的这座城市、罗马人的王和神罗慕洛斯、与罗马城一样永恒的卡皮托利小丘,还有与它的创建者一样永恒的罗马城,这一切在往昔罗马人的心灵中留下了一个印象:所有这一切都应该永存。

民众因国家强盛而富有。然而,富足存在于民风而非财富之中,罗马人的富足有边界,而富足带来的奢靡和挥霍却没有边界[②]。起初因富有而堕落的人后来又因贫穷而堕落;拥有超出私人生活所需的财富者很难是好公民,因失去巨额财富而懊恼并试图失而复得的人,不惜铤而走险干任何坏事。萨鲁斯特说[③],有这样一代人,他们自己没有家业,也不能容忍别人有家业。

不过,不管罗马的腐化到了什么地步,但并非一切邪恶都已出现在罗马。因为,罗马的制度具有强大力量,使英勇气概得以保存,纵然财富、柔弱和淫逸泛滥成风,但是罗马人在战争中依然不

[①] 库里亚法赋予军事权,元老院法令规定省督可以拥有的军队、资金和军官。执政官们为了任意支配这一切,伪造假的法律和元老院法令。——孟注

[②] 科尔内利亚用七万五千克拉马克买下的房舍,不久之后以二百五十万转手给鲁库拉斯。参阅普鲁塔克:《马略传》(Vie de Marius)。——孟注

[③] 萨鲁斯特的《朱古达战争》片断,引自《神之城》(Cité de Dieu),第 II 卷,第 XVIII 章。——孟注

乏刚毅,我觉得,任何其他国家都做不到这一点。

罗马人把商业①和手工业视为奴隶的行业②,他们自己从不涉足其中。若说也有例外,那就是一些释奴,他们继续从事以前的旧业。但是,罗马人通常只会打仗,唯有打仗才是他们通向当官和获得荣耀的道路③。所以,即使他们不再拥有其他所有美德,战士的英勇气概却永不泯灭。

---

① 罗慕洛斯只允许自由民务农和打仗,经商、做工、出租房舍和开小酒店都不是公民应该从事的职业。(狄奥努西乌斯·哈里卡纳斯,第Ⅱ卷,第Ⅸ卷。)——孟注

② 西塞罗在《论义务》第Ⅱ卷第Ⅸ节中阐述了原因。——孟注(1734年版中的此注为:西塞罗在《论义务》第Ⅰ卷第XLⅡ节中写道:"商人不撒谎就得不到任何利润,……耕作是一切技艺中最值得称道的技艺,是与自由人最相称的职业。"——编注)

③ 当兵时间长达16年:从16岁到40岁,参阅波利比乌斯,第Ⅵ卷。——孟注

第十一章 苏拉、庞培和恺撒

请允许①我避开马略与苏拉对阵的那几场战争中的惨烈场面,阿庇安在他的书中记述了这些令人战栗的历史。这两位头领固然忌妒成性、野心勃勃、残忍嗜血,罗马人何尝不是个个狂人一般;新公民和老公民不再把对方视为同一个共和国的成员②,他们之间这场战争的性质有些特别:既是国内战争,又是对外战争。

苏拉③制定了一些法律,这些法律非常有利于从源头上消除混乱,而混乱局面则是人所共见的。这些法律增大了元老院的权力,削弱了人民的权力,规范了保民官的权力。苏拉突发奇想,放弃独裁官的权力,似乎使共和国得以起死回生。然而,他因一连串胜利而头脑发热所做的一些事,却让罗马再也无法保存其自由。

他在亚细亚远征中彻底败坏了军律,致使士兵们劫掠成风④,

---

① 孟德斯鸠撰写本章的主要依据来自阿庇安、西塞罗和普鲁塔克的著作。——编注

② 马略为了得到对米特拉达梯作战的委任,从而对苏拉不利,遂借助保民官苏尔皮基乌斯之手,将意大利的8个新部落分散到旧部落中去,这就使大多支持马略派的意大利人控制了选举,而元老院和老罗马公民则大多支持苏拉派。

③ 在1734年版中,此节较短,且没有下面紧接着的两节。——编注

④ 参阅萨鲁斯特在《喀提林阴谋》中描绘的这支军队。——孟注

他使军队产生了从未有过的需求,从而促使士兵腐化,士兵们随之促使他们的长官腐化。

他凭借武力进入罗马,怂恿他的将领们破坏这座自由的庇护所①。

他把公民的土地分给士兵②,从而养成了他们无止境的贪婪。因为从那时开始,没有一个军人不在等待把同胞的财富据为己有的时机。

他开创放逐制度,把属于不同派别的人的脑袋明码标价。从那时起,谁也不再把自己与共和国连在一起了,因为,身处彼此争雄的两个野心家之间,保持中立和支持主张自由那派的人,谁也没有把握不被获胜的野心家放逐,所以,审慎的做法是投靠两个野心家中的一个。

西塞罗③写道④,苏拉之后的一个人⑤,在一次邪恶的行动及其更为无耻的胜利中,不仅没收了个人财产,而且殃及多个行省中的所有地方。

苏拉⑥卸任独裁官后,似乎只想在他自己制定的法律保护下过日子。然而,这个看似十分节制的举动其实是他一系列暴行产生的后果。他在意大利各地组建了47个军团,阿庇安说,在这些

---

① 参阅安提库奥斯的著作片断,见《论至善与至恶》。——孟注
② 起初分配的当然是敌方战败者的部分土地,但苏拉却将公民的土地分给士兵。——孟注
③ 在1734年版中,此节是一个脚注。——编注
④ 《论义务》,第II卷,第VIII章。——孟注
⑤ 指恺撒。——编注
⑥ 此节系1748年版增添。——编注

第十一章　苏拉、庞培和恺撒

军人看来,他们的财产与苏拉休戚相关,所以他们极为关心苏拉的安全,时刻准备为他提供救助或为他复仇①。

共和国注定要垮台了,问题只是什么时候和谁把它搞垮而已。

两个人同样野心勃勃,差异只在于其中一人更懂得如何径直走向目标。他们的声誉、战功和品德令其他公民黯然失色,庞培首先登场,恺撒紧随其后。

庞培为了笼络人心,废除了苏拉制定的所有限制民众权利的法律。当他基于野心而牺牲掉最有益于国家的法律之后,就如愿以偿地得到了他所要的一切,民众对他的野心却丝毫没有警觉。

罗马的法律把公共权力做了非常合理的分配,掌权的官员相互支持,相互限制,相互制约。每位官员的权力都相当有限,每个公民因而也就都有可能当官。百姓看到的官员经常更迭,所以对谁也不会很熟悉。可是,共和国的制度此时发生变化,权势最大的那几位人物设法让民众赋予他们以特殊委托,人民和官员的权威因此而被扼杀,大权落入一人或几人手中②。

不是要向塞多留宣战吗?那就委托给庞培。不是要向米特拉达梯宣战吗?民众异口同声地喊道:"庞培"。不是应该向罗马调运小麦吗?若不让庞培去办,民众就认为这件事肯定办不成。不是要剿灭海盗吗?那也只有庞培能行。恺撒发出入侵威胁,这回是元老院大声疾呼,把所有希望寄托在庞培身上。

---

① 不妨看看恺撒死后发生的那些事情。——孟注
② 参阅萨鲁斯特:《喀提林阴谋》(*Conjuration de Catilina*),第 XXXIX 章。——孟注(此注系 1748 年版增添。——编注)

马略对民众说①:"我觉得,权贵们所期待的庞培,保障你们自由的意愿甚于保障权贵的统治。但是有一段时间,人人生活在多人的保护之下,而不是所有人生活在一个人的保护之下;那时从未听说过,这种事情可以由一个人来决定取舍。"

罗马从创建那日起就是要不断扩大的,所以必须把管理②和权力集中到某几个人身上,但到了动乱时刻,就会出现一位公民独掌全权的局面。

大家都知道赋予荣誉意味着什么,然而,如果把权力附加在荣誉上面,那就不知道权力将会延伸到何处了。

在一个共和国里,对一个公民的过度偏爱必然产生某种后果,或是引起民众的忌妒,或是获得民众的无限拥戴。

庞培两度返回罗马时都具有主宰共和国的能量,但他没有滥用权力,而是在进城之前把军队遣散,以普通公民的身份出现在罗马城。此举为他赢得极大声誉,以致后来无论他做出什么损害法律的事情,元老院始终公开站在他一边。

与恺撒相比,庞培的野心不那么急于求成,比较温和。恺撒如同苏拉,试图凭借武力夺取最高权力。庞培不想采用这种方式,他要借助民众的选票取得独裁权;他不愿意篡夺权力,而是要人民把权力拱手交给他。

---

① 萨鲁斯著作的片断。此书第 III 卷中录有保民官马尔库斯·莱比杜斯的演说。——孟注

② 在 1734 年版中,此词写作"仰慕"(admiration),在 1748 年版中,此词写作"管理"(administration)。——编注

第十一章　苏拉、庞培和恺撒

人民不会一成不变地始终拥戴某人,庞培的威望几度有所下降①;让他最恼火的是,他所鄙视的那些人提升了自己的威望,以此来与他对抗。

他因此而干了三件同样可悲的事:用金钱腐蚀民众,在选举中向每个投票支持他的人付费。

不但如此,他雇佣一批无赖干扰官员的工作,企图借此让明白事理的百姓对无政府状态产生厌倦,在绝望之中让他出任独裁官。

第三,他与恺撒和克拉苏凭借利害关系相互勾结,所以加图说,搞垮共和国的不是他们的敌对,而是他们的联合。事实上,罗马的状况十分令人痛惜,和平对它的损害甚于内战,因为和平使大人物们的看法和利益彼此协调,暴政便因运而生。

庞培并未把自己的威望赋予恺撒,却在不经意之间以自己的威望成就了恺撒。不久之后,恺撒用庞培所给予的力量和计策与庞培对抗,暗中派人去扰乱罗马城的秩序,操控选举,把执政官、财务官、保民官的职务按照他们自己确定的价格出售。

元老院对于恺撒的意图心知肚明,于是向庞培求助,请他承担保卫共和国的重任;倘若可以把一个请求一位公民保护的政体叫作共和国的话,那就这样称呼它吧。

我觉得,庞培垮台的主要原因是他自感羞愧,因为他意识到,当初提携恺撒时太缺乏远见了。但是,他迟迟不愿意承认这一点,不为自己设防,不承认自己身处险境。他在元老院为恺撒打保票,说他不敢发动战争;这样的话说了无数遍之后,他就无法改口了。

---

① 参阅普鲁塔克。——孟注

促使恺撒什么都敢干的似乎是这样一件事:两个倒霉的地名竟然差不多,元老院在恺撒对山外高卢的管辖权上,增添了对山南高卢的管辖。

当时的政治状况不允许罗马近畿驻扎军队,但是也不能容忍整个意大利没有一兵一卒。于是,大量军队就驻在山南高卢,即从罗马涅的卢比孔河延伸到阿尔卑斯山一带。然而,为了确保罗马城不受这些军队侵犯,元老院颁布了一通著名的法令,向地下诸神表示忠心,并声称,无论何人竟敢率领军团或团队,哪怕只是一小队军人渡过卢比孔河,都是对神的亵渎和对国家的背叛;镌刻这通元老院法令的石碑[①]竖立在从里米尼通往切塞纳的大路上,至今犹存。

恺撒除了管辖这块扼守通往罗马城要道的地区外,此时又添加了另一块更加重要的地区,那就是包括法国南方在内的山外高卢。取得对这个地区的管辖权之后,恺撒就获得了在若干年内向他想要攻打的任何民族开战的机会,他的士兵与他一年年变老,他对士兵心灵的征服丝毫不亚于他对蛮族的征服。恺撒若是没有获得对山北高卢的管辖权,他的士兵就不可能腐化,他也不可能因屡战屡胜而享有盛誉。他若没有掌控山外高卢,庞培就可以阻挡他翻越阿尔卑斯山;结果却是战事伊始,庞培不得不放弃意大利,致使他那一派声名狼藉,而在内战中,声名就是实力。

坎尼之役后,汉尼拔陷罗马城于一片惊恐之中,恺撒渡过卢比

---

① 这块石碑是一件赝品,大概迟至15世纪后才出现。孟德斯鸠在1729年游历意大利时见到了这块石碑。参阅孟德斯鸠:《游记》。——编注

第十一章 苏拉、庞培和恺撒

孔河后,罗马城再度惊恐万状。开战之初,庞培惊惶失措,无计可施,只剩下在绝境中可以考虑的办法,那就是退让和逃跑。他撇下国库,逃出罗马城;他没有任何手段可以阻挡胜利者,于是丢弃一部分军队和整个意大利,渡海而去。

恺撒的好运经常被人议论。不过,这位非凡的人物确实具有许多出众的优点,而且没有什么缺点,尽管他的为人不值得称道。他无论统率什么军队,想要不打胜仗不容易;他无论出生在哪个共和国,不想让他主宰这个国家也很难。

恺撒在西班牙击溃庞培的守将之后,径直杀向希腊去与庞培决战。庞培身处海边,兵力占优,正想看看恺撒的军队如何被贫困和饥饿击溃。可是,他有一个致命的弱点,那就是总想让别人说他正确,因而欲罢而不能地让麾下那些将领们发表空无一物的议论,而这些将领又总是喜欢不停地揶揄和指责他①。一个人说:"他想永远当统帅,如同阿伽门农那样成为诸王之王。"另一个人说:"我提醒你们,今年我们吃不到图斯库鲁姆的无花果了。"元老们被庞培的几次小胜冲昏头脑,庞培为了免受指斥,竟然做了一件永远被后人指斥的事:他放弃了自己的诸多优势,率领一支新军去抗击那支屡战屡胜的军队。

法萨罗之战后,残余部队退入非洲,率领这支残部的西庇阿一点也听不进加图关于打持久战的意见,他自恃拥有若干优势,不顾一切,以致失去一切。布鲁图斯和卡西乌斯匆忙重整旧部,结果却

---

① 参阅普鲁塔克:《庞培传》(*Vie de Pompée*)。——孟注

是共和国的第三次毁灭①。

你们可以看到,在这场旷日持久的内战中,罗马的外部实力不断增长,在马略、苏拉、庞培、恺撒、安东尼和奥古斯都先后主政时期,罗马变得越来越令人生畏,最终打垮了所有余下的国王。

以征服对他国构成威胁最甚者,莫过于正处于内战惨祸中的国家。贵族、市民、工匠、农夫等所有人都成为士兵,与那些只有公民的其他国家相比,当它的兵力因处于和平时期而集结时拥有极大优势。况且,一些大人物往往②在内战中脱颖而出,才能出众的人在混乱中崭露头角,人人各得其所。反之,在和平时期,每个人的位置都是被别人安排的,而且总是安排得不合适。除了罗马人,法国人也提供了同样的实例。法国在以下这些时期最让他国惧怕:勃艮第家族和奥尔良家族纷争之后、公益联盟骚乱之后、路易十三和路易十四冲龄继位后的内战之后。英国最受他国尊重是在长期国会引发的内战之后的克伦威尔掌权时期;德国人在内战之后才拥有对奥斯曼帝国的优势;继位战争之后的腓力五世执政期间,西班牙在西西里展示的实力令欧洲③大为震惊。我们今天看到的则是波斯在内战中浴火重生,而且令奥斯曼帝国蒙受羞辱④。

总之,共和国毁灭了,应该受到谴责的不是某几个人的野心,

---

① 阿庇安在《内战》第 IV 卷中对此作了非常精彩的记述。如果没有这场战争,屋大维和安东尼的军队就会死于饥饿。——孟注

② 在 1734 年版中,此词是"总是"(toujours),而不是 1748 年版中的"往往"(souvent)。——编注

③ 此处指 1716—1719 年间阿尔贝罗尼在撒丁岛和西西里的活动。——编注

④ 此处指库里汗的征战。参阅本书第四章和《论法的精神》第十章第 17 节中的脚注 I。——编注

而是人，人大凡有一点优势，总是权欲熏心，而之所以想要独占一切，恰恰因为已经拥有许多。

恺撒和庞培倘若如同加图那样想，其他人就会像恺撒和庞培那样野心勃勃；那么，注定要把共和国推向悬崖的就会是另一只手。

恺撒原谅了所有的人。但是我觉得，把一切篡夺到手之后展示的宽容，不值得大加赞扬。

不管有人如何夸赞恺撒在法萨罗之役后的行动敏捷，西塞罗指责他行动迟缓是有道理的。他对卡西乌斯说，他们从未想到庞培会那么快就在西班牙和非洲重整旗鼓；他还说，他们如果能对恺撒戏弄亚历山大城之战的做法有所预见，他们就不会与他媾和，而会与西庇阿和卡加图一起撤退到非洲去①。疯狂的爱情②促使他先后卷入四场战争，但是由于他未能预见后两场战争，致使在法萨罗之役中已经确定无疑的事再次成为问题。

恺撒掌权之初用的是各种官衔，因为人人都很在乎头衔。犹如亚细亚人很憎恶执政官和副执政官这种官衔，欧洲人很讨厌国王这种称谓；以至于在这段时间内，这些头衔和称谓决定着全世界的祸与福。恺撒并非不曾试图让人民把王冠戴在他的头上，但是当他发现人民不再为此欢呼时，只得放弃对王冠的追求。他还做过另外一些尝试③。我想不明白的是，他怎么会认为，罗马人民之

---

① 西塞罗：《家书》，第XV卷。——孟注
② 此处指恺撒对克莉奥佩特拉的热恋。——编注
③ 他免去了人民保民官的职务。——孟注

所以容忍他这位暴君，竟然是因为他们喜欢暴政，而且认为过去就是这样做的。

某日，元老院向他授予某种殊荣，他竟然不屑于起立，从此之后，元老院里的重量级人物就再也无法忍气吞声了。

人最容不得冒犯的是礼节和习惯，你若试图压制某人，有时反而证明你很重视他；然而对习俗的冒犯所体现的则永远是蔑视。

恺撒一贯与元老院作对，而且无法掩饰他对元老院的蔑视，失去权力的元老院几乎变得怪诞可笑。恺撒的宽容因此而被视为侮辱，他被认为并非宽容，而是不屑于惩罚。

他对元老院的蔑视发展到了越俎代庖的地步，公然替元老院颁布法令；他想到了哪几位元老，就以这几位元老的名义签署法令。西塞罗就此写道①："我多次听说，经我提议而通过的元老院法令，在我获悉之前就被送到叙利亚和亚美尼亚；好几位君主给我来信，感谢我同意授予他们国王称号，其实我不但不知道他们已是国王，甚至不知道世界上有这几个人②。"

那时有一些大人物的书信被置于西塞罗名下③，因为这些书信大多出自他的手笔。在这些书信中可以发现，共和国的主要领导人因这场突如其来的巨大变故而气馁和绝望，他们不但失去了荣耀，甚至失去了工作岗位，元老院不再拥有职权，元老们过去在全世界享有的声望，如今只能独坐在书房里回味。不难发现，书信

---

① 《家书》，第 IX 卷。——孟注
② 此段在 1734 年版中是一个脚注。——编注
③ 参阅西塞罗和苏尔皮基乌斯的书信。——孟注

中的记述远胜史书中的同类记述,这些书信是一批天真的人们的杰作,他们被共同的痛苦连接在一起,那时,虚伪的礼节尚未造成无处不说谎话的局面。总之,与当今大多数书信不同,我们在这些书信中看到的,不是一群尔虞我诈的人,而是一群可怜地相互倾诉的朋友。

恺撒想要保住性命相当不易,大多数密谋者都是他的同党,或者得到过他的许多好处①。原因其实不言自明,恺撒的胜利给他们带来了巨大好处,可是,他们的境遇越好,就越要同舟共济②;因为,从某种意义上说,对于一个一无所有的人而言,生活在什么政体之下是无关紧要的。

此外,希腊和意大利的所有共和国有一种万民法,另有一种被普遍接受的观点,那就是,杀死最高权力篡夺者的刺客是品行高尚的人。在罗马,特别是赶跑了诸王之后,法律对此有明确的规定,而且有先例可循,共和国交给每个公民一把利剑,让他们在那一瞬间充当临时法官,承认他们是为自卫而行刺。

布鲁图斯无所顾忌地告诉他的朋友们,他的父亲若是重返人间,他照杀不误③。尽管由于暴政持续而使自由精神日渐衰微,但是在奥古斯都主政初期,密谋事件一直呈现上升势头。

罗马人对自己的国家怀有一种执着的爱,当这种爱脱离了罪

---

① 布鲁图斯、盖乌斯·卡斯卡、特雷伯纽斯、图利乌斯·辛布尔、米努蒂乌斯·巴希鲁斯都是恺撒的朋友。参阅阿庇安:《内战记》,第 II 部。——孟注

② 我在这里说的是恺撒在自由政府中的同僚,而不是他这位暴君周围的佞臣,这些人是要随他而去的。——孟注(此注系 1748 年版增添。——编注)

③ 见《与布鲁图斯通信集》(*Lettres de Brutus*),载于《西塞罗书简集》。——孟注

恶和美德的常规，就听不进善意的劝导，再也看不见公民、朋友、恩人和父亲，美德似乎为了自我超越而忘却了自己，美德把因其残酷而无法获得赞同的行为加以美化，使之成为值得大家赞赏的神圣的行为。

　　恺撒生活在自由的政体下，他的罪恶难道只能用刺杀而不能用其他方法惩罚吗？倘若要问为何不使用公开的暴力或借助法律对他进行追究，那岂不是想要为他的罪恶找理由吗？

第十二章　恺撒死后罗马的情状

共和国①根本无法死而复生，于是出现了从未见到过的情景：暴君没有了，自由也没有了；导致共和国倾覆的那些原因依然存在。

密谋者们仅仅策划了谋杀，却没有考虑事成之后如何应对。

他们得手之后便退到坎皮托里奥山去了，元老院没有开会。翌日，唯恐天下不乱的莱比杜斯率领武装人员占领了罗马广场②。

老兵们担心此前已经到手的巨额馈赠会遭到追索，于是开进罗马城内。此举导致元老院赞同恺撒的所有行动，并且采取折中的办法，宣布赦免密谋分子，从而造成了一个虚假的和平局面。

恺撒被杀之前曾打算进犯帕提亚人，为此任命了若干在此后多年内任职的官员，以便当他不在时有人维持政局稳定。所以，恺撒被杀后，他的同党们觉得自己能够长期保有实力。

---

① 孟德斯鸠撰写本章的主要依据来自阿庇安、普鲁塔克、西塞罗和狄翁·卡西乌斯的著作。——编注

② Forum。——编注

元老院不加限制地批准了恺撒提交的一切文书，并下令执政官们负责执行，身为执政官之一的安东尼拿到了恺撒的账本，并把恺撒的秘书争取过来后，便在笔记上任意记账，这样一来，恺撒这位独裁官死后比他生前更加暴戾，因为他的未竟之业，安东尼替他完成了；他未能发出去的钱，安东尼替他发了，所有对共和国不怀好意的人突然在恺撒的账本里找到了各自的赏金。

另外还有一件糟糕的事：恺撒为远征筹集了大量资金，藏在奥普斯神庙中，如今恺撒的账本落入安东尼手中，他于是就恣意挥霍。

密谋者们原本打算把恺撒的尸体扔进台伯河[①]，他们这样做不会遇到任何阻碍，因为在意外事件发生之后的惊愕期间，只要敢干，做什么都很容易。但是，恺撒的尸体最终并未被扔进台伯河，因为发生了一些意外。

元老院认为不能不允许为恺撒举行葬礼，因为既然恺撒并未被宣布为暴君，那就没有理由拒不将他下葬。罗马有个深得波利比乌斯称颂的习俗，即送葬队伍要高举祖先的画像，还要为亡人致墓前颂词。为恺撒致墓前颂词的安东尼向公众展示了恺撒带血的袍子，宣读了恺撒的遗嘱，恺撒在遗嘱中答应给予民众以大量馈赠，受此煽动的民众一把火烧毁了谋杀者们的房舍。

这一事件发生时，西塞罗控制着元老院，他不加掩饰地说[②]，

[①] 这种做法并非没有先例。提比略·格拉古被杀后，尸体被市政官卢克莱提乌斯（后来被称作维斯皮罗）扔进台伯河。——孟注

[②] 参阅《西塞罗致阿蒂库斯的信》，第 XIV 卷，第十封信。——孟注

第十二章 恺撒死后罗马的情状

当初应该更加猛烈些,采取一些哪怕危及生命的行动,即使其实并不会死人。但是,他为自己辩解说,待到元老院集会时已经太晚了,许多人对此不会感到惊讶,因为他们知道,在一件民众起到重大作用的事件中,一瞬间能有多么巨大的分量。

此时发生了另一件意外:正当人们为恺撒之死举办各种活动时,一颗长尾彗星连续七天出现在天空,百姓们真诚地相信,恺撒的灵魂已经被接到天上去了。

希腊和亚细亚人民有一种习惯,不但为国王甚至也为做过他们的副执政官的人修建神庙①,没人不让他们这样做,因为这是他们能够提交的曾经被奴役的最有力的证据。罗马人甚至会在家庙或私人神殿里供奉先祖,但我知道,从罗慕洛斯到恺撒,任何罗马人都未曾被视为公众的神祇②。

马其顿的管辖权落到安东尼手中,但是这并不是他想要的,他要的不是马其顿,而是两个高卢,至于他有此想法的原委,大家都心照不宣。由于德齐穆斯·布鲁图斯拒不将他掌管的山南高卢交给安东尼,安东尼于是决定把他赶走。一场内战随之爆发,元老院随后便宣布安东尼为祖国的敌人。

西塞罗为了整垮宿敌安东尼,采用不正当手段提升屋大维的声望和地位,他不但不设法让人民忘却恺撒,反而唤醒人民对他的

---

① 参阅《西塞罗致阿蒂库斯的信》,第 V 卷,以及蒙哥教士对于此信的评注。——孟注(蒙哥教士的评注如下:"罗马法规定,行省总督可以接受此类尊号。苏维托尼乌斯赋予奥古斯都以特殊荣誉,允许他在外省所有为他修建的殿堂中,将他的名字与罗马并列。"——编注)

② 狄翁曾说,三头执政官都希望有朝一日能拥有恺撒那样的地位,他们竭力为恺撒增光添彩;见第 XLVII 卷。——孟注

记忆。

屋大维对付西塞罗颇有心计,他又是讨好,又是吹捧,又是求教,凡是能满足西塞罗虚荣心的各种手腕统统用上了。

这就把一切事情几乎都弄糟了,因为,凡是做这些事的人,通常除了争取在主要方面获得成功之外,还想在某些方面小有成就,借以迎合自尊心和自我满意感。

我相信,加图如果不把共和国交出去的话,情况就完全会是另一个样子。西塞罗虽然能出色地充任二流角色,但完全不胜任一流角色;他才具很高,但精神平庸。对于西塞罗来说品德是次要的,而对于加图来说荣耀才是次要的[①]。西塞罗始终自认为是首要人物,力图借助共和国为自己增光,加图却总是想不起自己,一心只想拯救共和国。

这种对比还可继续下去:当加图预见未来时,西塞罗忧心忡忡;当加图对他人有所期待时,西塞罗对自己信心满满;加图一贯以冷静处事,而西塞罗总是忽冷忽热。

安东尼兵败摩德纳,两位执政官希提乌斯和潘萨死于该地。元老院自以为掌控着局势,试图把屋大维压下去,屋大维于是停止与安东尼作对,率兵返回罗马,强令宣布他为执政官。

西塞罗曾自夸说,他的袍子横扫了安东尼的军队,这次他给了共和国一个更加危险的敌人,因为此人的名字更加令人感到亲切,其权力从表面看更加合法[②]。

---

① 参阅萨鲁斯特:《朱古达战争》(*De Bello catil*)。——孟注
② 他是恺撒的继承人和养子。——孟注

第十二章 恺撒死后罗马的情状

安东尼兵败之后逃到山外高卢,莱比杜斯接纳了他。两人一起与屋大维联手,以朋友和敌人的性命互赠①。莱比杜斯依然留在罗马,另外两人前去寻找布鲁图斯和卡西乌斯,果然在为世界霸权而打了三场恶仗的地方②找到了他们。

布鲁图斯和卡西乌斯自杀而亡,他们轻率地抛弃了共和国,实在不可原谅;每当读到此处,都令人不能不为共和国深感痛惜。加图后来也在悲剧落幕时结束了自己的生命,从某种意义上来说,布鲁图斯和卡西乌斯之死拉开了这出悲剧的序幕。

自杀之所以成为罗马人的一种普遍习惯,原因不止一个。传播甚广的斯多葛学派鼓励自杀,凯旋庆典的确立和奴隶制度的形成使一些伟人认为,失败之后不应苟且偷生,受到指控者与其受审不如自裁,因为审讯会带来名声被玷污和财产被没收的后果③;这或许是一种比较理性的荣誉感,与当今我们有些人仅仅由于一个手势或一句话就掐死朋友相比,要理性得多。总之,以自杀体现英雄主义非常方便,谁都可以在他愿意的时刻结束在众人面前演的那出戏。

便于执行也是自杀之所以相当常见的一个原因,想要自杀的人,满脑子都是即将实施的自杀行动和原因以及因此而得以逃避

---

① 他们的残忍无以复加,竟然下令人人以放逐取乐,违命者处以死刑。参阅狄翁。——孟注
② 此处指公元前 42 年的菲力皮之役,另外两次是法萨卢斯之役和亚克兴海战。——编注
③ 参阅塔西佗:《编年史》,第 VI 卷。——孟注

的风险,强烈的情绪只能让他感到死亡,却根本看不见死亡①。

自尊和自我保护嬗变为多种方式,并以许多彼此矛盾的原则发生作用,促使我们由于热爱自己的存在而牺牲自己的存在;我们对自己无比挚爱,一种与生俱来的朦胧混沌的本能,使我们的自爱甚于对生命的热爱,从而心甘情愿地终止自己的生命。

---

① 孟德斯鸠的手稿和1734年版第一次印刷本的若干样书中有以下语句:"可以肯定的是,人在此时变得不像平时那么自由,那么勇敢,那么向往宏伟的事业,当他被这种力量控制时,其他力量随时都会对他不发生作用。"此外,还有一个脚注进一步对此加以说明:"如果查理一世和詹姆斯二世在世时有一种宗教准许他们自杀,前者就没有必要如此活着,后者也就没有必要如此死去。"这句话在书籍装订之前应检查官员的要求而删除。孟德斯鸠在1721年是主张允许自杀的。参阅《波斯人信札》第 LXXVI 封信,在《论法的精神》第十四章、第12节和第二十九章、第9节中也有所流露,但口气比较缓和。——编注

第十三章 奥古斯都

塞克斯图斯·庞培①坐拥西西里和撒丁,他是大海的主人,身边还聚集着大量为最后一线希望而战的逃亡者和流放者。屋大维与他打了两场艰难的仗,取得了一些并不顺利的小胜,凭借阿格里帕的机智才最终将他战胜。

密谋者几乎都不得善终,在毫不留情的战争中屡屡败北一方的首领,自然都会死于非命。然而,有人竟然从中推导出结论说,谋杀恺撒的刺客受到报应是天意使然,他们的作为也受到天意谴责。

屋大维把莱比杜斯的部下拉到自己一边,并且剥夺了莱比杜斯作为三人执政官之一的权力,屋大维甚至对莱比杜斯远离公众以求慰藉的做法心生妒恨,逼他以私人身份在人民大会上露脸。

莱比杜斯受辱令大家十分开心,因为他是共和国最坏的公民,总是带头挑起骚乱,不断筹划坏点子;为了把这类坏点子付诸实施,他不得不勾结比他更狡猾的人。一位当代著作家竟然为莱比

---

① 孟德斯鸠撰写本章以及以下两章的主要依据来自塔西佗、苏维托尼乌斯和狄翁·卡西乌斯的著作。——编注

杜斯大唱赞歌①,并为此而援引安东尼的话,因为安东尼在一封致莱比杜斯的信中称他为老实人。不过,安东尼眼里的老实人在别人眼里多半并非老实人。

我以为,在所有经常显现怯懦本能的罗马将领当中,唯有屋大维赢得了部下的爱戴。当其时,罗马士兵们赞扬将领们的慷慨大度甚于他们的英勇气概。屋大维缺乏用以赢得霸权的气概,所以不大为人们所畏惧,这或许恰恰是给他带来霸权的与众不同之处。如果有人说他所做过的最丢脸的事反而成就了他,这也并非不可能。当初他若展现出伟大的胸襟,所有人都会对他有所戒备;当初他若大胆果敢,就不会让安东尼有足够时间干那些出格的事,以致最终葬送自己。

安东尼准备向屋大维开战时对士兵们发誓说,胜利之后两个月就重建共和国。由此可以清晰地看到,世界上最盲目乱干的是军队,尽管士兵们也珍惜祖国的自由,但是他们却不断地摧毁共和国的自由。

亚克兴战役之后,克莱奥帕特拉逃脱,还带走了安东尼。毫无疑问,她后来把安东尼出卖了②。或许她曾试图以女人难以想象的魅力,让第三位世界主宰者匍匐在她脚下。

安东尼③为之牺牲了整个世界的那个女人背叛了他,他所培养或提携的许多将领和国王一个个离他而去。一队角斗士却如同

---

① 圣-雷阿尔教士(L'abbé de Saint-Réal)。——孟注
② 参阅狄翁,第 LI 卷。——孟注
③ 此节系 1748 年版增添。——编注

第十三章 奥古斯都

英雄一样忠诚于他,此事令人觉得,慷慨大度与主仆关系之间仿佛有某种联系。你若对某人施以大量恩惠,他因此而产生的第一个念头便是设法保护好这些恩惠,因为这是你让他保卫的新的利益。

这些战争中有一个惊人之处,那就是一个战役几乎就把一切搞定了,战败一次就再也无法挽救。

罗马士兵其实并无派别意识,他们不是为某事而战,而是为某人而战,他们心里只有以巨大的许诺把他们招募来的首领,可是,首领一旦战败,许诺便成为泡影,他们于是转投另一方。各个行省参与争端也完全不是出于真心实意,因为元老院抑或人民谁占上风对它们无关紧要。因而,一个首领刚刚战败,它们就立刻投向另一位首领①。因为,每个城市都必须在胜利者面前证明自己的清白,而胜利者由于需要向士兵兑现当初的承诺,就得拿罪名最大的行省开刀。

法国有两类内战,一类因宗教而战,这类内战持续时间很长,因为战争即使已经结束,引发战争的动因依然存在。另一类内战没有确定的原因,而是由某些大人物的野心或率性引发,这类内战很快就被扑灭②。

奥古斯都(这是谄媚者送给屋大维的尊称)确立了秩序,即持久的奴役制度。因为,在一个最高权力刚刚被篡夺的自由国家里,凡是能够确立唯一统治者无限权力的一切,都被称作"规则",凡是

---

① 城市里没有用于保卫城市的卫队,罗马人用来保卫帝国的只有军队和殖民地。——孟注

② 此处指法国队的投石党人。——编注

能够保证臣民享有真正自由的任何行为,都被称作骚乱、倾轧和恶政。

所有心怀叵测的政客都曾在共和国里积极谋划无政府状态,庞培、卡西乌斯和恺撒都大获成功,他们下令对危害公众的罪行不予惩罚,所有能够制止民风败坏并优化社会秩序的措施,都被他们取消了。他们想方设法促使公民变坏,恰如好的立法者竭尽全力促使公民变好一样。他们把以金钱腐蚀人民的习俗引入罗马,纵然被指控犯有阴谋罪,也能用金钱收买法官。他们不择手段地使用各种暴力扰乱选举,一旦被控有罪,他们居然恫吓法官①。人民的权威消失殆尽,加比尼乌斯便是一例,他不顾人民反对,强行借助武力把托勒密扶植上台后,竟然厚颜无耻地要求举行凯旋庆典②。

共和国的这几位首要人物试图让人民厌恶自己的权力,挖空心思地放大共和政体的缺陷,从而使他们变为不可或缺的人物。可是,出于政治需要,奥古斯都主政之后就着手恢复社会秩序,借以显示一人治国的优越性。

奥古斯都手握军权时,担心的是士兵哗变,而不是公民的密谋,所以他怀柔士兵,冷对公民。局面稳定时,他害怕有人搞密谋,恺撒的遭遇时时闪现在他眼前,所以他竭力远离恺撒的覆辙,以免落得同样的下场。读懂奥古斯都一生的关键便在于此。恺撒曾口

---

① 《西塞罗致阿蒂库斯的信》对此有所记述。——孟注(此注系1748年版增添。——编注)

② 恺撒向高卢人开战,克拉苏向帕提亚人开战,均未经元老院讨论,也未经人民授权。——孟注

出狂言，说共和国算个屁，他的话就是法律；奥古斯都不像恺撒，他走进元老院时，铠甲外面罩着长袍，他婉拒独裁官的头衔，口口声声表明他对元老院的尊严和对共和国的尊重。他想要确立的是一个既能取悦于人民又不触犯他利益的政体，对大多数民众来说是贵族政体，对于军人来说则是君主政体；这种政体虽然模棱两可，但由于没有自己的军事实力予以支撑，所以只有取悦君主方能生存，因而可以说，这是一个不折不扣的君主政体。

有人曾经发问：奥古斯都是否确实有意放弃独揽的大权？然而谁都看得出来，倘若他真想这样做，难道会做不成？他耍弄给人看的只不过是一个小把戏罢了。整整十年，他一直请求卸下这副担子，可是却始终挑着这副担子。其实这是玩弄小聪明，目的是攫取他认为尚未到手的那些权力。我是依据奥古斯都的一生作出这一判断的。尽管人的想法往往捉摸不定，但是，在某一时刻放弃一生中深思熟虑的结果，这种情况实在极为罕见。通观奥古斯都的所有行动和所有决断，无一不是显而易见地指向建立君主政体。苏拉摈弃了专制，他一生中虽然各种暴行不断，从中却能看到一种共和精神；他虽然以暴戾专断的方式执行他的各种决策，这些决策本身却始终透着某些共和的气息。苏拉这位秉性急躁的汉子，以暴烈的手段把罗马人引向自由。奥古斯都这位狡诈的暴君①，以柔和的手腕把罗马人引向奴役。苏拉治理下的共和国实力逐渐恢

---

① 我在此处使用的暴君一词是希腊人和罗马人所理解的含义，也就是说，凡是推翻民主政体者均为暴君。——孟注。（1734年版中的此注如下："自从人民法制定之后，奥古斯都成为合法君主。"其实，这句话不适用于奥古斯都，没有任何法律赋予他以主宰一切的权力。——编注）

复,可是人人都高喊反对暴政;奥古斯都主政时,暴政日甚一日,大家谈论的却是自由。

凯旋庆典曾经为罗马的雄伟增光添彩,可是在奥古斯都主政期间,已成为习惯的凯旋庆典不复存在,准确地说,凯旋庆典变成了君主独享的特权①。在帝制下出现的许多事物,都能在共和时期找到源头②,若把源头及其发展连接起来,就看得更加清楚。唯有主导并赢得战争胜利的人才有资格要求举行凯旋庆典③,而战争永远是在统帅的指挥下进行的,统帅就是皇帝,因为他统领所有军队。

共和时期的首要大事是不停地打仗,帝国时期的要务则是维持和平,胜利连同军队都被视为令人不安的原因,因为军人要求为他们的服务支付更高的酬劳。

领有某些军权的将领害怕接受重任,他们必须削减自己的荣耀,顶多只能引人瞩目,不能招惹君主的忌妒,绝对不能功高盖主,让君主无法忍受。

对于授予罗马公民权一事,奥古斯都的态度偏向收紧④,他还制定法律,防止出现过多的释奴⑤。他在遗嘱中告诫后人要严守

---

① 其他人只能获赠胜利花环。见狄翁:《奥古斯都传》。——孟注
② 罗马未曾遭到入侵便更换了政体,由于政体形式大体保持原样,习俗也保存下来了。——孟注
③ 狄翁在《奥古斯都传》第 LIV 卷中写道,阿格里帕出于谦逊未向元老院汇报对博斯普鲁斯人的远征,就连凯旋庆典也被他婉拒了。从此之后,没有任何一位地位与阿格里帕相似的人举行凯旋庆典。可是,这却是奥古斯都赐予阿格里帕的荣耀,而当初文提狄乌斯首次击败帕提亚人时,安东尼并未给予他这一殊荣。——孟注
④ 苏维托尼乌斯:《奥古斯都》。——孟注
⑤ 狄翁:《奥古斯都传》。——孟注

第十三章 奥古斯都

这两条规矩,并且不要试图通过新的战争扩大罗马帝国的疆域。

这三件事彼此紧密相关,既然不再有战争,当然也就不再需要新公民和新释奴。

罗马在接连不断地进行战争时,需要持续不断地补充人口。起初把被征服城市的居民迁移到罗马来,接着,一些近邻城市的公民为取得选举权而来到罗马,由于此类移民数量太大,引起结盟城市的不满,因而常常不得不将他们送回原籍。最终,大批移民从各个行省涌进罗马城。法律鼓励婚姻,甚至规定必须结婚。罗马在战争中获得数量奇多的奴隶,在战争中发了横财的罗马公民从各地购买奴隶。不过,出于仁慈、贪婪或软弱,他们释放了许多奴隶①,有人想奖掖忠心耿耿的奴隶,有人想以奴隶的名义领取共和国分发给贫民的粮食,另外还有一些人想让送葬队伍中多一些带花冠②的人。人民几乎全然由释奴组成③,以至于这些世界主人居然大多出身于奴隶,初始阶段如此,其余所有时间亦然。

几乎全由释奴及其子孙组成的人民的人数多到令人感到不安时,便将这些人派去开辟殖民地,殖民地的存在确保了行省对罗马的忠诚。这是世界各地的一种人口交流,罗马接受的是来自各地的奴隶,向各地输送的则是罗马人。

奥古斯都以选举中发生骚乱为由,为罗马城配备了一位总督

---

① 狄奥努西乌斯·哈里卡纳斯,第IV卷。——孟注

② 此处的花冠指一种小帽,是释奴的标志;不过,花冠同时也指一种戴在头上的花环。——编注

③ 参阅塔西佗:《编年史》,第XIII卷,第XXVII章。——孟注(此注系1748年版增添。——编注)

和一支卫戍部队。他让军团的队伍成为常设部队,派它们驻守边界,为它们设立专项资金。他还下令不再以土地,而改以金钱向老兵们支付军饷[①]。

自苏拉开始实行的土地分配制度有很多弊端,公民的财产所有权因此而变得不确定。如果不把同一中队的士兵派驻同一地点,他们就对驻地不满,结果是土地撂荒,而这些士兵也随之成为危险的公民[②]。然而,倘若成建制地把整个军团派驻一地,野心分子就能在需要时找到成批的军人反对共和国。

奥古斯都为海军设立固定的驻地。在此之前,罗马人既无常设的陆军,也无常设的水师[③]。奥古斯都的舰队的主要任务是保障往来于帝国各地的船队的安全,因为罗马人那时掌控着地中海。当时的海上航运仅限于地中海,罗马人用不着担心任何敌人。

狄翁说得有道理,从皇帝们开始当政,历史就变得很难书写了,因为一切都秘而不宣,各个行省上呈的所有文书都送进皇帝内廷,唯有皇帝们因愚蠢和张狂而不想隐瞒的事,方能为外人知晓,此外便只有历史学家们的猜测了。

[①] 他规定,近卫军士兵的酬金共为五千德拉克马,服役三年后领取三千德拉克马,二十年后再领取两千德拉克马。——孟注

[②] 参阅塔西佗:《编年史》,第 XIV 卷中关于被派驻塔兰托和安齐奥的士兵的记述。——孟注(此注系 1748 年版增添。——编注)

[③] 在1734年版中,此句为"在他之前,罗马人从未有过水师。由于他们控制着地中海,而当时的航海仅限于地中海,所以他们不必担心任何敌人"——编注

第十四章 提比略

河流无声无息地缓缓冲刷用以防止河水泛滥的护堤，终于在一瞬间把它冲垮，把它所保护的田野淹没；与此相似，最高权力在奥古斯都主政时期悄无声息地逐渐确立，到了提比略主政时猛然把一切颠覆。

罗马有一种名为尊严法的法律，用于处置攻击罗马人民的罪行。提比略看准此法并加以利用，但他不是按照制定此法的初衷来实行此法，而是用来对付他所仇视或不信任的人。他实行此法时所针对的不限于行动，而是还包括口头言语、肢体语言和思想，因为两个朋友相互倾诉时说的话，是只能被视为思想的。这样一来，筵宴上不再有自由，亲属之间不再有信任，奴隶不再有忠诚；君主的虚情假意和言不由衷在人民群众中广为传播，友谊被视为暗礁，坦诚被视为冒失，美德被视为矫揉造作，这就令人想起往昔的幸福时光。

在法律遮掩下披着公正的外衣施政，最酷烈的暴政莫过于此，不妨做这样一个比喻：不幸的人们抓住一块木板爬上了岸，有人却用这块木板把他们再次打下水去。

暴君从来不缺施行暴政的工具，时刻准备将所有被他怀疑的人一律判刑的法官,提比略随时可以找到①。在共和国时期,元老院不审理私人案件,但受人民委托处置盟友受控的罪行。提比略把被他指控为针对他本人的所有大逆罪案件交由元老院审理。元老院因此而陷入难以言表的卑躬屈膝状态,元老们一个个争先恐后地媚态百出,其中威望最高的那几位,在塞亚努斯的庇护下干着告密者的勾当。

对于弥漫于元老院的这股奴颜之风,我觉得原因不止一个。恺撒击败共和派之后,他在元老院中的敌和友协同一致,竭力解除法律对他的权力的一切束缚,向他滥发各种荣誉和尊号;他的敌人如此行事是想把他搞臭,他的朋友如此行事则是拍他马屁。狄翁告诉我们说,有人竟然提出建议,允许他占有他所喜欢的任何一个女人。正因为如此,恺撒对元老院毫无戒心,以至于在元老院横遭非命。不过,此事也产生了另一种后果,那就是在此后的历任主政者治下,再也见不到任何超越先例和激起公愤的谄媚。

罗马在一人独霸政权以前,首要人物都坐拥巨额财富,只是致富的途径各不相同。但是到了帝政时期,这些人都失去了自己的财产②。富豪们不再给元老们大量馈赠③,来自外省的一切都归恺撒所有,别人什么也得不到,尤其在外省设置副省督职位之后,这个职位大体相当于今日法国的总督。然而,财富的源头虽然被阻

---

① 这句话和下一句话均系1748年版增添。——编注
② 在1734年版中,此注如下:"到了奥古斯都时期,大人物们都已成了穷人,谁也不想再做官,不少人甚至连元老也不想当了。"——编注
③ 被删除的脚注:罗马的显贵在奥古斯都执政时期已经变穷了,许多人不再想做官,不少人甚至连元老院的席位也不想争取了(1734年版)。——编注

第十四章 提比略

断，花销却并未因此而停止，生活还得照样继续下去，在生计维艰的状态下，只得仰仗皇帝的恩典来维持生活了。

奥古斯都剥夺了人民制定法律和审理危害公众罪的权力，不过，他为人民留下了或者说至少表面留下了选举官员的权利。提比略惧怕人数众多的人民会议，遂将人民的这一权利剥夺，转而交给元老院，也就是交给他自己①。但是，人们或许很难相信，人民权利的丧失在很大程度上导致了显贵们精神堕落的结果。人民享有选举官员的权利时，官员们为了拉票虽然在人民面前低三下四，但是，这种不太光彩的行为往往以冠冕堂皇的举措加以掩饰，例如请客吃饭，赠送钱物等等。用意虽然卑劣，手段却多少还算高尚，因为对于一个大人物而言，以慷慨解囊挣得人民的好感无可指责。可是，当人人都已囊空如洗，当君主以元老院名义把所有官职掌控在自己手中时，想要当官就只能凭借邪门歪道了，谄媚、无耻乃至犯罪于是都成为欲达此目的而使用的必要手段。

然而，提比略似乎丝毫不愿让元老院变得卑劣，最为他诟病的莫过于元老院的奴才相，他在一生中始终对此极表厌恶。不过，他和大多数人一样，想要的各种东西往往彼此无法相容，他的大政方针与他的个人喜好难以协调一致。他想让元老院便宜行事，能让大家尊重他的治理，可是，他又试图让元老院无时无刻不顺从他的担忧、忌妒和憎恨；总之，作为国务活动家的提比略始终败在作为人的提比略脚下。

---

① 参阅塔西佗:《编年史》，第Ⅰ卷；狄翁，第 LIV 卷。——孟注。(卡里古拉重建人民会议，随后又将其废除(1734 年版)。——编注)

前文提及，人民曾从贵族手中争得权利，使普通人民也能跻身官员队伍之中，这些官员理所当然地会保护人民，使之不受有人可能施加的侮辱和不公。为了确保这些来自普通人民的官员能够行使治权，他们被宣布为神圣不可侵犯，为此还下令作出规定，凡以不正当的行动或语言对待保民官者，立即处以极刑。可是，保民官的权力落入皇帝手中之后，皇帝就有了保民官的特权，于是乎，被处死的人难以计数，告密者终于可以心安理得地经营他们的勾当，正如普林尼所说，大逆罪被随意扩大，根本不应受到大逆罪指控的人，被指控犯了此罪。

不过我以为，当年有些受到指控的大逆罪，并非我们今天所觉得的那样荒诞可笑，如果当年罗马人对于下述这些行为的理解，与我们今天的理解相同，那么我就无法想象提比略指控某人犯了大逆罪，只是因为此人把皇帝的雕像连同房子一起卖掉了①，图密善下令处死一位妇女，只是因为她在他的画像前脱衣，他下令处死一个公民，只是因为此人把全球地图画在卧室墙上。我觉得，部分原因在于罗马的政体发生了变更，以至于我们今天认为无关紧要的事情，当时却可能造成严重后果。之所以作出这个判断，是因为当今的某个国家纵然禁止为某人的健康干杯②，我们也不会怀疑这是一种暴政。

凡是有助于认识罗马人民才干的东西，我不能有任何疏漏。

---

① 提比略曾设法阻止这一指控，参阅塔西佗：《编年史》，第Ⅰ卷，第LXXIII章。——编注

② 在1734年版中，这句话为"这是一桩死罪"，这是影射对斯图亚特派成员发出的禁令，禁令不准他们为詹姆斯二世和詹姆斯三世的健康干杯。——编注

第十四章 提比略

他们习惯于服从自己的主人,习惯于认为主人的与众不同造就了他们的福祉,故而他们在日耳曼尼库斯死后,对他所表示的哀悼、痛惜和绝望之情,我们今天再也见不到了。不妨读一下历史学家们对公众悲痛的描述①,这是一种如此巨大、长久、难以抑制的悲痛,而且绝非虚情假意,因为人民作为一个整体是不会矫揉造作、阿谀奉承、以假乱真的。

不再参与国事的罗马人民几乎全都是释奴或没有手艺的人,他们的生活全然仰赖于国库,深感自己无能为力,像妇孺一样为自己的孱弱而灰心丧气,他们在政治上已经无所作为,只能把自己的恐惧和希望寄托在日耳曼尼库斯身上,此人被除掉后,他们就坠入绝望的深渊了。

最惧怕厄运者莫过于能够平静面对悲惨生活条件的那些人,他们本应与安德罗马克②一起说道:"但愿上帝让我害怕吧!"如今在那不勒斯有五万人③以草根为食,他们的全部财产便是一件破烂得仅剩一半的布衫,这些全球最潦倒的人糊涂而又愚蠢,竟然因为维苏威火山冒出一缕烟而吓得魂飞魄散,深怕自己变成不幸的人。

---

① 参阅塔西佗。——孟注
② Andromaque,法国作家拉辛(Jean Racine,1639—1699)的著名悲剧《安德罗马克》中的主角。——译注
③ 此处指意大利的无业游民(Lazzaroni),孟德斯鸠在那不勒斯逗留时,这些人给他留下了深刻印象。——编注

第十五章 诸位皇帝——从盖尤斯·卡里古拉到安东尼

提比略之后继位为皇帝的是卡里古拉。有人在谈到这位皇帝时说,既没有比他更好的奴隶,也没有比他更坏的主人。这两件事其实彼此紧密相关,无论是面对他人获得的无限权力,或是面对本人获得的这种权力,受到强烈震慑的心态是完全一样的。

卡里古拉恢复了被提比略取消的民会①,废除了提比略所制定的专横的大逆罪。我们由此可以作出判断:坏君主在位早期的做法往往与好君主在位晚期的做法相似。因为,新君往往对其前任们的举措抱着一种矛盾心态,从而促使新君延续前任基于美德所做的那些事,不少良法和恶法都源于这种矛盾心态。

罗马人从中得到好处了吗?卡里古拉取消了对大逆罪的指控,但是,他却用军事手段②把他不喜欢的人杀掉了。他所憎恨的不是元老院里的某几个人,而是整个元老院。他把利剑高高悬在元老院头上,以一网打尽对其进行威胁。

---

① 卡里古拉后来又把民会取消了。——孟注(此注系 1748 年版增添。——编注)

② 即法外手段。——编注

第十五章 诸位皇帝——从盖尤斯·卡里古拉到安东尼

皇帝们这种骇人听闻的暴戾，源自罗马人的普遍精神。他们突然被置于专横的统治之下，在为君与为奴之间几乎找不到任何中间地带，没有任何温和的渐进措施让他们对这种突然过渡做好准备，残暴的秉性依旧如故，公民们今天受到的对待，不但与过去他们对待战败者一模一样，而且与战败者一起接受统治。苏拉进入罗马时和进入雅典时完全一样，他所行使的是同一种万民法。对于那些在不知不觉中沦为属地的国家来说，倘若无法可依，就得继续依靠习俗理政。

由于持续不断地观看残忍的角斗场景，罗马人变得极度残暴。我们注意到，克劳狄因经常观看这种角斗表演而愈发嗜血。这位秉性温和的皇帝竟能干出这许多残忍的事来，这就充分说明，他那时的教育与我们当今的教育大不相同。

罗马人习惯于在自己的孩子和奴隶身上玩弄人的本性，所以根本无法认识被我们称为人道的这种美德①。若问我们在殖民地居民身上看到的残忍秉性来自何处，难道不是因为他们对人类中一部分可怜的人经常不断地滥施惩罚吗？民事管理既然充满残忍，难道还能期望合乎自然的和谐与公正吗？

我们在记述历代皇帝的史书上无数次读到，他们为没收财物而处死的人多得难以计数，而在现代历史上则完全找不到类似现象。正如前面说过的那样，其原因可能在于我们今天的秉性比较温和，宗教更具有抑止功能。另外，现在已经没有在全世界搜刮财

---

① 参阅罗马法关于父亲和主人权力的规定。——孟注（在1734年版中有更精确的提示："参见查士丁尼《法学阶梯》第一卷中关于……"——编注）

富的元老家族需要剥夺了。我们拥有的财富不多,这一点带来的好处是这些财富更加安全,掠夺者犯不着为这一点点财富对我们痛下毒手①。

　　罗马人民,也就是被称作平民的那些罗马人,连那几个最坏的皇帝也不憎恨。从他们不再享有任何政治权力,不再从事征战之时起,罗马人民就卑劣得出奇,实为所有民族中所仅见。在他们看来,只有奴隶才从事商业和手工业;有了分配给他们的粮食,他们就让耕地撂荒;他们已经习惯于竞技和观剧。既然不必再听取保民官的述职,也不必再选举官员,竞技和观剧这类闲事就成为不可或缺的活动,整日无所事事更使他们对此类活动的兴趣日浓。罗马人民之所以怀念卡里古拉、尼禄、康茂德和卡拉卡拉,正是因为这些皇帝个个都癖好此类活动。老百姓喜欢的嬉戏,他们都迷得发疯,并且运用他们的全部权力为老百姓的欢娱作出贡献,甚至亲自参与其中,他们不惜把帝国的所有财富都用于老百姓的欢娱,而当财富耗尽时,人民心安理得地眼看着所有大家族被恣意掠夺,享受着暴政结出的果实,而且是毫无风险地享受,因为他们在卑劣中找到了安全。这些君主理所当然地憎恨品德高尚的人,知道自己的所作所为不会得到这些人的赞同②,他们因品行高尚者的反对

---

① 勃艮第公爵在葡萄牙拥有巨额财富,当他举旗造反时,有人向葡萄牙国王表示祝贺,因为他即将有大批财产可以没收。——孟注

② 希腊人有一些搏斗比赛,参加这些搏斗是体面之举,在搏斗中战胜对手是一种荣耀。罗马人却只有观剧,唯一的例外是角斗士血腥的厮杀。然而,一个大人物无论下到角斗场或是登上舞台,都不为罗马人的庄重举止所许可。老百姓用倒彩声和掌声表示对一些艺人的厌恶,而法律则禁止元老们与这类艺人有任何联系,在这种情况下,元老们应该如何处置呢?然而,有几位皇帝居然出现在角斗场和舞台上。这种疯狂的举

第十五章 诸位皇帝——从盖尤斯·卡里古拉到安东尼

或沉默而愤恨①,陶醉于小民们的喝彩声,进而以为公众的福祉来自于他们的政绩,除非别有用心,否则谁也不会诟病他们对国家的治理②。

卡里古拉对于自己的残忍是一个货真价实的诡辩家。他的前任安东尼和奥古斯都为他作出了榜样。他说,执政官们若是在为亚克兴之战的胜利而设立的纪念日举办庆祝活动,他就要惩处这些执政官,他又说,他们若是在这一天不举办庆祝活动,他也要惩处他们。

被他授予神祇尊号的德鲁西拉死了,谁若为她哭泣就是犯罪,因为她是女神,谁若不为她哭泣也是犯罪,因为她是卡里古拉的同胞姐妹。

在这里不妨放眼看看光怪陆离的人间万象。在罗马的历史上,我们看到各种各样的战争、遍地流淌的鲜血、惨遭杀戮的民族、宏伟辉煌的事业、凯旋庆典、政治、智慧、审慎、坚定、勇气,所有这

动彰显了他们极度错乱的内心,说明他们卑视美和善,历史学家们往往把此类出格的举动视为暴政的特质之一。——孟注

① 在1734年版中,此处有注如下:"戏剧中的放荡风气无法为敦厚的民风所接受,所以在正经人的眼里,优伶是一种被人鄙视的职业。"——编注

② 下列文字在1748年版中被删除:"当皇帝展示其力量和技巧时,例如康茂德当众不费吹灰之力轻巧地杀死一头牲畜后,获得了民众和士兵的赞赏,因为力量和技巧是当时掌握军事技艺所必备的素质。"相应的脚注也被删除:"角斗士的出身和职业都为人所不齿,他们都是奴隶或罪犯,被迫在显贵的丧礼上进行角斗,直至死亡。然而,由于角斗与打仗颇为接近,所以民众把角斗仅仅视为一种尚武的活动,因而十分着迷。皇帝、元老、显贵,甚至妇女都出席观赏。当然,罗马人对于田径运动也同样热衷。"1734年版的此段后面的三节文字,在1748年版中被移至第二章。参见第二章的注10。——编注

一切都多得难以计数！掌控一切的计划制订得如此周密，执行得如此坚决，完成得如此圆满，结果如何呢？仅仅让五六个恶魔心满意足？什么？元老院抵制了那么多滥用权力的国王，难道竟然是为了匍匐在那几个最无赖的公民脚下，用自己制定的法规毁灭自己吗？加强权力难道竟然是为了更方便地使之倾覆吗？殚精竭虑地强化政权的那些人，难道竟然是为了让它最终落入幸运者手中，掉过头来对付自己吗？

卡里古拉被谋杀后，元老院开会商讨确立一种政体形式。正在开会之际，几个士兵闯进会场大肆劫掠，他们在一个阴暗的角落里发现了瑟瑟发抖的克劳狄，当即拥戴他为皇帝。

克劳狄将审判权授予他的官吏们，就此终结了先前的政治体制①。马略和苏拉之所以发动战争，主要目的就是想弄清楚，执掌审判权的究竟应该是元老院还是骑士②。一个笨蛋一拍脑袋就把审判权抓过来，既不给元老院，也不给骑士；一场燃起遍地战火的争端就这样莫名其妙地收场了！

拥有最绝对权威的人，莫过于共和政体消亡后的君主。因为他们继承了当年人民所拥有的权力，而人民并未对自己限权。所以我们看到，当今欧洲最专横的君主，非丹麦国王莫属③。

元老院和骑士卑躬屈膝了，人民也低三下四。在帝政时代之

---

① 奥古斯都设立了行省行政长官一职，但这些官员没有任何司法权，一旦有人不服从，他们只能求助于行省总督。但是在克劳狄执政期间，这些地方行政长官都领有普通司法权，而且可以审理税务诉讼，于是乎，公众的财物就都落入他们手中。——孟注（此注系 1748 年版增添。——编注）

② 参阅塔西佗：《编年史》，第 XII 卷。——孟注

③ 1660 年革命之后。——编注

前,人民曾经何等骁勇尚武,在罗马城里征召的士兵瞬间就军容整齐地冲向敌阵。在维特利乌斯和韦斯巴芗进行的两场内战中,罗马军队成了野心家瞄准的猎物,满营都是怕死鬼,敌方士兵第一个冲击波尚未迫近,就已经吓得魂飞魄散。

皇帝们的处境也不见得好多少。由于既有权力又有胆量推举皇帝的军队不止一支,某人一旦被推举为皇帝,必定会让别人心生厌恶,这些人立即就会选定一个人来与皇帝一争高下。

所以,正如广袤的疆域对共和政体有着致命作用一样,广袤的疆域对于皇帝们同样生死攸关。皇帝们需要保卫的如果是一个小国,拥有一支军队就足够了,因为军人们既然推举这些人为皇帝,自然会尊重他们自己造成的结果。

军人①与恺撒家族生死与共,因为恺撒家族是政治巨变可能给军人带来的一切好处的保障。终于消灭了罗马的所有大家族之后,恺撒家族随后也毁在尼禄身上。不断受到打压的文人政权处于无力与军事政权抗衡的状态,每一支军队都想拥立一位皇帝。

且让我们对各个时期做一番对比。提比略在执政初期从元老院那里什么好处没有得到②?他获悉伊利里亚和日耳曼尼亚的军队哗变的消息后,满足了哗变者的一些要求,并且支持他们要求元老院解决其他要求③,向他们派去了几位元老院代表。那些不再惧怕权力的人对权威依然保持着敬畏。当参与哗变的士兵得知,

---

① 此节系1748年版增添。——编注
② 参阅塔西佗:《编年史》,第Ⅰ卷。——孟注
③ 同上。

皇帝的儿子和元老院的特派员在罗马军队中面临着死亡威胁时①,这些士兵竟然后悔不已,乃至想要惩罚自己②。可是当元老院被彻底剥夺权力时,却是人人无动于衷。奥托对他的士兵们大谈元老院的尊严,丝毫没有效果③;维特利乌斯派出元老中的重量级人物去与韦斯巴芗媾和④,同样毫无结果。国家机构被剥夺已久的尊严不可能在顷刻之间被归还。这些元老院代表被军人看作是被他们一脚踢开的那位主子的最卑劣的奴才。

罗马人有一个古老的习俗,凯旋者要给每个士兵发一点儿钱,数目很小⑤。这笔钱的数量在内战中有所增加⑥。这笔赏金先前来自缴获的敌资,可是到了不景气的时候,这笔钱改由公民提供,即使没有任何战利品,士兵们依然想要分得一份。

过去仅在战争结束之后才分发赏金,尼禄一改旧例,平时也分发赏金。士兵们已经习惯于这一做法,因而对加尔巴大为不满,因为他直截了当地对士兵们说,他懂得如何挑选士兵,但不会花钱买士兵。

---

① 参阅日耳曼尼库斯的演说,见塔西佗:《编年史》,第 I 卷。——孟注
② 下面谈到了以强制手段获得到特权(塔西佗:《编年史》,第 I 卷)。——孟注
③ 参阅塔西佗:《历史》,第 I 卷。——孟注
④ 同上。
⑤ 参阅李维所记述的各次凯旋庆典中分发的总数。将领们认为,大批钱财应该交给国库,分发给士兵的只应是少量。——孟注
⑥ 在某一时期,由于征战的规模扩大,将领们也随之更为慷慨,但是即使此时,每个士兵分得的也不过区区一百德尼埃。恺撒则不然,他发给每位士兵的赏金高达两千。安东尼和屋大维以及布鲁图斯和卡西乌斯此后全都遵从恺撒的先例。参阅狄翁和阿庇安的相关著作。——孟注

第十五章 诸位皇帝——从盖尤斯·卡里古拉到安东尼

加尔巴、奥托①和维特利乌斯犹如昙花一现。韦斯巴芗和他们一样也是由士兵拥戴而当上皇帝的。在他之前的六位皇帝个个都是残忍的暴君,性格暴躁,而且愚蠢低能,更为糟糕的是,这六位皇帝一个甚于一个以挥霍为能事,简直到了不可理喻的地步;韦斯巴芗在他整个执政期间,一心想要做的就是重振帝政。

提图斯继韦斯巴芗为帝,罗马人民深感欣慰。但是,图密善却是又一个恶鬼,即使不比他的所有前任更残酷,至少更无情,因为他更加怯懦。

他最亲近的释奴们,有人甚至说还有他的妻子,都觉得与他相处十分危险,被他视为仇敌固然如此,被他视为朋友也是一样。他的猜疑和指控没有任何界限,所以大家都想搞掉他。密谋者们动手之前物色了一个继承者,那就是可敬的老者涅尔瓦。

涅尔瓦的义子图拉真称得上是一个无懈可击的人,为历史所仅见,出生在他的治下是福分,罗马人的幸福与光荣莫不以图拉真的治国为最。他是一位伟大的国务活动家和统帅,他有一颗为民谋福的善良的心,一个能辨明通向至善之路的聪明头脑,一种崇高、伟大和美好的心灵,他还具有所有美德,从不走入任何极端;总而言之,他是弘扬人类本性和体现神性的最佳人选。

他执行了恺撒的计划,战胜了帕提亚人。这是一场时刻面对危险的战争,人力和资源遥不可及;这又是一场必须取胜的战争,而且即使大获全胜也难保自己不捐躯沙场;如果不是他而是另一位皇帝,肯定会知难而退。

---

① 参阅塔西佗:《历史》,第Ⅰ卷。——孟注

困难在于两国的地理形势和两国人民的作战方法。如果借道亚美尼亚,朝着底格里斯河和幼发拉底河源头方向前进,就会途经一个多山和通行困难的地区,无法使用辎重车辆,部队尚未抵达米底就会损兵折将一半①。如果取道尼西比向南方进发,那就会遇到一个把两国分隔开的令人望而却步的荒漠。若是经由美索不达米亚更南面的地带,就会遇到一个既荒芜又有沼泽的地带,由于底格里斯河和幼发拉底河从北向南流,军队不远离这两条河就无法深入这个地区,然而,如果远离这两条河,就难以逃脱全军覆灭的下场。

就两国的作战方法而言,罗马军队的优势在于步兵,这是一支全世界最强大、最难以战胜、纪律最严明的军队。

帕提亚人几乎没有步兵,但是有一支精良的骑兵,他们作战时与对方保持较大距离,罗马步兵所持武器难以够到他们,投枪的命中率也极低。帕提亚骑兵使用的武器是可怕的弓箭,他们对罗马的步兵采取围而不攻的战术。对他们进行追击是徒劳无效之举,因为对他们来说,逃跑就是战斗,他们视敌方接近的程度来撤退人马,仅在防地留驻少量卫队,敌方一旦占据这些防地,就不得不将其摧毁。他们巧妙地纵火烧毁敌军四周所有地方,寸草不留。总之,他们的战法与我们当今在这些边境地区的战法一样。

再则,从伊利里亚和日耳曼尼亚调来参战的军团极不适应②,

---

① 当地因缺乏树木而难以制造围城器械。见普鲁塔克:《安东尼传》(Vie d'Antoine)。——孟注

② 参阅希罗蒂安:《亚历山大传》(Vie d'Alexandre)。——孟注

在本国进食量很大的士兵,来到前线后几乎全都死于饥饿。

没有一个民族能够逃过罗马人的桎梏,然而,帕提亚人做到了,倒不是因为他们不可战胜,而是因为罗马士兵的武器够不到他们。

哈德良放弃了图拉真征服的土地①,把幼发拉底河当作罗马帝国的边界。令人赞叹的是罗马人在多次战争之后,丢失的都是他们不想保留的地方,犹如海洋只有在它自行后缩时,面积才变小。

哈德良的举措招致许多非议。据罗马人的圣书记述,塔克文想要修建坎皮托里奥时发现,最合适的场地已经被许多其他神明的雕像所占,他运用占卜知识自行探问,这些雕像是否愿意让位给朱庇特。除了战神马尔斯、青春女神赫柏和边界神特米努斯,其余诸神全都同意②。由此产生了宗教上的三种说法:战神马尔斯绝不让出他所占有的地方,罗马青春女神不可战胜,罗马的边界神永不退却;然而,哈德良主政时却发生了罗马边界后退的事。

---

① 参阅欧忒洛庇的著作,达基亚在奥勒留执政时才被放弃。——孟注(此注系1748年版增添。——编注)

② 圣-奥古斯丁:《上帝之城》,第 IV 卷,第 XXIII 章,第 XXIX 章。——孟注

第十六章　从安东尼到普罗布斯执政期间的罗马情状

在这段时间中①,斯多葛学派在帝国境内广泛传布,名声大噪。这个备受赞誉的学派的产生似乎是基于人的本性所作的努力,它如同那些钻出土层的植物,生长在日光从未照到的地方。

罗马人得以拥有一些好皇帝,不能不归功于这个学派。能够让人忘记大安东尼的人,唯有他的义子马可·奥勒留。当我们说起马可·奥勒留这位好皇帝时,心头暗暗感到一阵喜悦。阅读他的传记时不免有点感动,一个人之所以给予自己以佳评,那是因为他给予他人以佳评,这就是这位皇帝的传记给予我们的启示。

涅尔瓦的智慧、图拉真的荣耀、哈德良的品行,两位安东尼的美德,都受到士兵们的尊敬。然而,当新上台的恶鬼们取代他们的位置之后,就在各个方面滥用军事政府的权力,为获得新的赏金,曾出卖帝国的士兵们于是杀死了这些皇帝。

据说世界上有这样一位君主②,他苦苦经营十五年,为的是在

---

① 孟德斯鸠撰写本章的主要依据来自《奥古斯都传》,以及狄翁·卡西乌斯、希罗蒂安和佐西穆斯的著作。——编注

② 此处指普鲁士的腓特烈·威廉一世(1713—1740年在位)。——编注

第十六章 从安东尼到普罗布斯执政期间的罗马情状

他的国家里废除民政政府,代之以军政政府。我不想对这个令人作呕的计划说三道四,只是想说,就事物的本性而言,为保卫君主的人身安全,两百名卫士完全足够,无须为此动用八千人,更不必说,防范武装的人民比防范没有武装的人民更加危险。

康茂德继其父马可·奥勒留之位成为皇帝,此人是个恶魔,不但自己随心所欲,还让他的大臣和宠佞们为所欲为。人们把康茂德除掉后,拥戴可敬的老者戴佩提纳克斯为帝,但是时隔不久,他又被近卫军士兵杀死。

帝国被拿来拍卖了,狄迪乌斯·犹利安以其承诺赢得皇位。此事招致世人一片反对之声,因为,帝国尽管多次被收买,却从未讨价还价。佩申纽斯·尼格尔、塞维鲁斯和阿尔滨都被拥戴为皇帝,犹利安因没有兑现支付巨款的承诺而被士兵抛弃。

塞维鲁斯击败了佩申纽斯·尼格尔和阿尔滨。他具有一些优良的品质,但一位君主的首要美德——温和,他却不具备。

与当今君主相比,当年的罗马皇帝更能显示其暴君权力。他们囊括了当时罗马所有官员的权力,皇帝其名,独裁者其实,诸如保民官、副执政官、检察官、大祭司等都加诸一身,如果愿意,他们还可以执掌执政官的权力,所以他们也时常主持赏罚事宜。一种权力是否属于滥权,人民往往依据权力的大小作出判断,因此,人民常常怀疑被皇帝判刑的人其实是受迫害。欧洲的君主是立法者而不是司法者,是君主而不是法官,所以,他们不行使这种很容易令人憎恶的权力,而是把判刑的权力交由专门的法官去行使,他们自己则仅仅行使赦免权。

比提比略和塞维鲁斯更眷恋权力的皇帝为数寥寥,然而,这两位皇帝却极不光彩地受制于人,管束提比略的是塞亚努斯,管束塞维鲁斯的是普劳提亚努斯。

苏拉①创立的放逐制度成为为人诟病的习俗,并在皇帝们执政时期继续执行,未曾执行这项制度的皇帝居然被视为品德高尚,因为大臣和宠佞们虎视眈眈地盯着没收财产,总是喋喋不休地提醒皇帝,放逐是何等必要,仁慈是何等危险。

塞维鲁斯执行放逐政策的结果是,尼格尔的多个士兵②跑到帕提亚人那儿去了③。他们向帕提亚人传授技艺,教他们使用乃至制造罗马人的武器,致使这些以往只会防御的帕提亚人,后来几乎总是气势汹汹地进犯他人④。

值得一提的是,在接二连三的这些内战中,亚细亚军团的统帅几乎总是被欧洲军团的统帅击败⑤。史书还告诉我们,塞维鲁斯率领下的军团因发生哗变而未能攻克阿拉伯的阿特拉城,致使他不得不使用叙利亚军团。

---

① 在1734年版中,本节位于上两节前面。——编注
② 希罗蒂安:《塞维鲁斯传》。——孟注
③ 亚历山大即位后继续执行放逐政策。阿塔薛西斯复兴波斯帝国后,让罗马人刮目相看,罗马士兵任性而又放纵,一路烧杀朝他奔去。(狄翁,第LXXX卷,《希菲林传略》[*Abrégé de Xiphilin*])。——孟注
④ 也就是他们后面的波斯人。——孟注
⑤ 塞维鲁斯打败了尼格尔的亚细亚军团,君士坦丁击败了李锡尼。韦斯巴芗虽然被叙利亚军队宣布为皇帝,但是在他率领下与维特里乌斯对垒的,仅限于来自默西亚、潘诺尼亚和达尔马提亚的军团。西塞罗是政府成员之一,他写信给元老院说,不能对征召亚细亚兵员抱有希望。佐西穆斯说,君士坦丁仅用骑兵就战胜了马克桑斯。关于此事,参阅本书第二十二章第七段。——孟注(此注系1748年版增添,用以替代下一个脚注的第二段。——编注)

第十六章　从安东尼到普罗布斯执政期间的罗马情状

自从开始在外省征兵①，上述差异很快就显现出来，不仅如此，军团之间的这种差异与不同民族之间的差异大体一致。各个民族由于天赋和受教育程度不同，作战能力也各不相同。

在各个行省征兵带来了另一个后果：通常都是行伍出身的皇帝大多是外邦人，有的甚至来自蛮族。罗马于是不再是世界的主人，不过它倒是接受了全世界的法律。

每位皇帝都或多或少为罗马带来了自己家乡的东西，诸如风尚、习俗、管理、信仰等等，埃拉伽巴卢斯甚至想要毁掉罗马人的所有崇拜对象，把所有神祇搬出神殿，以便安置他自己崇拜的神祇。

这样一来，对于罗马帝国的民众来说，再也没有什么东西是外来货了，大家都已经习惯于皇帝愿意引进的所有习俗；这种情况为基督教在罗马立足提供了十分有利的条件，而与神所选择的不为他人所知的秘密途径没有多少关系。

众所周知，罗马人曾把外邦的神带到罗马城来，他们以胜利者的姿态在凯旋庆典中让游行队伍带着这些神。然而，当外邦人自己把神送来时，罗马人就不干了。我们还知道，罗马人习惯于用罗马诸神的名字，称呼与之最相近的外来神。不过，外邦祭司若是想让罗马人供奉保留原名的外来神，罗马人就接受不了。这也是基

---

① 奥古斯都将各军团的部署固定下来，分驻各个行省。起初只在罗马征兵，接着扩大到拉丁地区，然后再扩大到意大利，最后扩大到各个行省。——孟注（在1734年版中，此注还有"西塞罗也是政府成员，他写信给元老院说：'你们不能指望在这些地区征兵；负责在亚细亚征兵的比布鲁斯什么也没有做。'被叙利亚和犹太军队拥戴为国王的韦斯巴芗，在对维斯特利乌斯作战时，只使用默西亚、潘诺尼亚、达尔马提亚军团。塞维鲁斯击败了尼格尔的亚细亚军团，君士坦丁击败了卢齐尼乌斯的亚细亚军团。"——编注）

督教在罗马遭遇的诸多障碍之一。

我们应该把卡拉卡拉称作人类毁灭者,而不只是暴君,因为卡里古拉、尼禄和图密善仅在罗马施暴,卡拉卡拉却让残暴遍布全世界。

塞维鲁斯执政时间很长,他在此期间巧取豪夺,放逐竞争对手的追随者,借此积聚了巨额财富。

卡拉卡拉登上皇位便亲手杀死其弟弟盖塔,用金钱收买士兵,让他们容忍他的罪行。这些士兵爱戴盖塔,并且声称曾经向塞维鲁斯的两个孩子,而不是向一个孩子发过誓。

君主们搜刮到的财富所发挥的作用几乎都极其恶劣,他们用财富腐蚀继承人,使继承人在金钱面前眼花缭乱,迷失方向,即使没有丢弃良心,至少败坏了精神。继承人立即作出宏大规划,而支持这种规划的却是一种不能持久的、瞬息即逝的、不自然的力量,与其说是一种逐渐积聚的力量,毋宁说实是一种因吹嘘而膨胀的力量。

卡拉卡拉[①]提高了士兵的薪饷。马克里努斯致函元老院指出,此次提薪总额高达七千万[②]德拉克马[③]。有迹象表明,这位君主言过其实,如果使用当年罗马的比值,将当下法国军队的饷金与全国其余公共支出作对比,这笔费用显然非常巨大。

有必要看一下罗马士兵领取的饷金究竟有多少,据欧洛希乌

---

① 此节及以下 8 节均系 1748 年版增添。——编注
② 七千米利亚德,狄翁在《马克里努斯》中的记述。——孟注
③ 古代的德拉克马就是罗马的德尼埃,每枚重七分之一盎司,相当于法国马克的七十六分之一。——孟注

第十六章　从安东尼到普罗布斯执政期间的罗马情状

斯记述,图密善将士兵的饷金在原有基础上提高了四分之一①,据塔西佗书中的一位士兵说②,在奥古斯都身亡时,士兵的饷金是十盎司铜。苏维托尼乌斯则说③,恺撒把士兵的饷金增加了一倍。普林尼说④,第二次布匿战争时,饷金减少了五分之一。这就是说,在第一次布匿战争中,饷金是六盎司铜左右⑤,在第二次布匿战争期间是五盎司铜,恺撒时期是十盎司铜⑥,图密善期间是十三又三分之一盎司铜⑦。下面说一点感想。

起初,共和国支付军饷毫不费力,那时罗马还是一个小国,年年打仗,年年都有战利品,第一次布匿战争时,它把手伸到了意大利境外,战争旷日持久,大批军队需要维持,不举债便无法支付军饷。

在第二次布匿战争时,士兵的饷金减为五盎司铜。那时大多数公民都愿意自费服役,以领取饷金为耻,所以,减少饷金不会带来任何风险。

珀尔修斯和另外一些国王源源不断地向罗马输送财物,促使

---

① 他提高了百分之七十五。——孟注
② 《史》,编年第Ⅰ卷。——孟注
③ 《恺撒传》。——孟注
④ 《自然史》,第 XXXIII 卷,第 13 条。不是把十盎司铜当作二十盎司,其实是当作十六盎司。——孟注
⑤ 据普劳图斯在《闹鬼》中的记述,士兵的饷金为三阿司。这里的每枚阿司相当于十盎司铜。然而,倘若在第一次布匿战争中,饷金果真是不多不少的六阿司,那么,在第二次布匿战争中减少的不是五分之一,而是六分之一,零头不计。——孟注
⑥ 波利比乌斯用希腊货币换算,结果只差一个零头。——孟注
⑦ 参阅普劳图斯和苏维托尼乌斯的《罗马十二帝王传·图密善传》:"让缺乏罗马货币知识的读者也能明白。"他们的所说基本一致,不同的只是表示方法。我把币值用铜来表示,为的是让缺乏罗马货币知识的读者也能明白。——孟注

罗马停止征税①。此时公家和私人都相当富裕,出于谨慎的考虑,五盎司铜的饷金并未增加。

尽管从这份饷金中还得扣除粮食、衣着和武器的花费,但由于被征招入伍的士兵大多来自殷实之家,所以这份饷金还是够用的。

马略开了征招赤贫者服役的先河,此后便一直循此先例,致使恺撒不得不提高饷金。

恺撒死后,饷金继续提高,到了希提乌斯和潘萨担任执政官期间,不得不重启征税制度。

图密善软弱无能,把饷金提高了四分之一,不啻是在国家的肌体上拉开了一个大口子。国家的不幸并非奢华之风盛行,而是奢华之风盛行在普通百姓中间,而他们本应仅仅生活在大自然所需的必要水平上。卡拉卡拉再次提高饷金之后,帝国陷入窘境,没有士兵就不能继续生存,要继续生存却又养不起士兵。

卡拉卡拉为了降低因杀害弟弟而造成的恐怖感,把这位弟弟奉为诸神之一。特别有意思的是,卡拉卡拉本人后来竟然也被照此办理,马克里努斯派人刺杀卡拉卡拉后,出于安抚因感恩于卡拉卡拉而对他的死陷于绝望的近卫军,为卡拉卡拉修建了一座庙宇,还配备了若干祭司。

因此,马克里努斯死后的名声还算不错,由于元老院没有对他进行审判,他与康茂德一样没有被列入暴君之列,其实要说谁是暴君,卡拉卡拉比康茂德有过之而无不及②。

---

① 西塞罗:《论义务》,第 II 卷。——孟注
② 埃利乌斯·兰普里狄乌斯:《亚历山大·塞维鲁斯传》。——孟注

第十六章　从安东尼到普罗布斯执政期间的罗马情状

两位伟大的皇帝哈德良和塞维鲁斯各有所为①，前者确立军纪，后者废弛军纪。栽什么树结什么果，哈德良之后多个朝代幸福而平静，塞维鲁斯之后则是一片恐怖。

卡拉卡拉对士兵出手极为大方，其父临终叮嘱他说，让打仗的人都富起来，不必替其他人操心，卡拉卡拉一丝不苟地遵行了父亲的忠告。

不过，这种政策只管用一代皇帝，新皇帝因花不起这许多钱而成了军人的刀下鬼。我们因而看到，好皇帝总是死在军人手下，坏皇帝则死于密谋或元老院的决定。

暴君若对军人听之任之，纵容他们欺凌和掠夺民众，这种情况不可能延续到下一代皇帝继位之后。因为，军人的胡作非为最终会殃及他们自己，以至于领不到饷金。于是只能考虑重整军纪，不过，敢于采取这种措施的人，最终都得付出生命作为代价。

卡拉卡拉被马克里努斯设伏杀死，军人们为失去这位生前极度慷慨大度的君主而绝望，于是选出埃拉伽巴卢斯为皇帝②；这位新皇帝耽于声色犬马，任由他们为所欲为，以至于连他们也看不下去了，于是动手把他杀掉。被杀的还有试图重整军纪并且扬言要惩治军人的亚历山大③。

---

① 参阅《希菲林传略》和希罗蒂安的《塞维鲁斯传》。——孟注
② 在此期间，人人认为能到罗马帝国去是件好事。参阅狄翁，第 LXXIX 卷。——孟注(此注系 1748 年增添。——编注)
③ 参阅兰普里狄乌斯。——孟注

由此可见①,一个暴君能够确保的并非自己的性命,而是犯下种种罪恶的权力,若说他拥有一个令人沮丧的优越性,那就是与那个力图比他干得好的人相比,他只不过早死几天而已。

亚历山大之后被选为皇帝的是马克西米努斯。此人是第一位出身蛮族的皇帝,以身材高大、体魄健硕闻名于世。

马克西米努斯和他的儿子都被士兵杀死。戈狄安一世和他的儿子戈狄安二世死在非洲,马克西姆、巴尔比努斯以及第三位戈狄安死于非命,指使杀死第三位戈狄安的菲利普,也杀死了自己的儿子。随后继位的德修则因伽鲁斯的叛变而丧命②。

我们所说的这段时间中的罗马帝国,其实是一种不正规的共和国,大体上如同阿尔及尔的贵族政体,握有最高权力的军队有权废立被称作戴伊的官员。在某种程度上,军政府与其说是共和政体,毋宁说是君主政体,这或许是一种相当普遍的规律。

若说士兵们以他们的不服从和哗变争得了对国事的参与权,这种说法不妥。皇帝们向军人发表的演说,难道不就是从前执政官和保民官向人民发表的那种演说吗?军队虽然没有固定的集会

---

① 在1734年版中,此处有注如下:"对士兵出手大方是共和国的一贯做法。凯旋的将领都要分赏给每个士兵几个德尼埃,尽管不算多。在内战中,士兵和将领一样也腐化了,赏金虽然来自公民的财产,数量却变得非常巨大了。凡是有战利品,士兵都要求分得一点。恺撒、屋大维和安东尼赏给每个士兵的数额往往为五千德尼埃,赏给小头目的更是高达一万,其他人则按照比例多寡不等。罗马的货币德尼埃等值为六个阿司或十个铜利弗尔。"——编注

② 加索邦(Casaubon, Issac)在关于罗马史的著作中指出,罗马帝国的160年历史中,共有70人被正确和不正确地称作皇帝。由此可发现罗马帝国与法国兰西王国的差异,法兰西在1200年历史中只有70位国王。——孟注(加索邦的著作名为《注释本奥古斯都传》,出版于1607年。——编注)

第十六章 从安东尼到普罗布斯执政期间的罗马情状

场所，行事没有固定的方式，通常总是不那么冷静，说的很少，做的很多，国家命运不也最终掌握在他们手中吗？由军人一致议决选出的皇帝，难道不就是一个政权暴烈意志的执行者吗？

菲利普被军队选派参与国家治理时[①]，是第三位戈狄安皇帝的近卫军长官，皇帝要求把全部权力交给他，但他未能如愿。他向军队说项，要求与皇帝分享全权，还是未能如愿。他恳求赋予他恺撒的头衔，再次遭到拒绝。他要求担任近卫军长官，没人理会他。最终他要求保全自己的性命。军队在各次决策中行使了最高行政治权。

在罗马人眼里，蛮族从陌生到讨厌，最终变得可怕。罗马几乎征服了所有民族，堪称世界上最不寻常的事件，所以当罗马被征服时，仿佛全世界为战胜罗马而产生了新的民族。

大国君主通常没有几个邻邦能用来施展他们的野心，若有这样的邻邦，早就成为罗马人逐个征服的对象了。所以，这类国家大多被大海、高山和荒漠隔绝，穷得让人瞧不起。正因为如此，罗马人未曾把森林中的日耳曼人和冰原上的北方人放在眼里，于是乎，他们在那里成长壮大，最终将罗马人踩在脚下。

伽鲁斯执政期间，许多民族蹂躏了欧洲，这些民族后来名气很大；波斯人入侵叙利亚后，为了保存战利品而不得不撤离。

这种来自北方的大批蛮族[②]如今已经见不到了。强悍的罗马人把南方各族逼到北方去了，当他们尚有足够力量抵御时，他们留

[①] 参阅尤利乌斯·卡皮托利努斯。——孟注
[②] 此段系1748年版增添。——编注

在原地不动,当他们的力量不足以抵御时,就向各地迁移①。一百多年之后发生了同样的事情,查理曼及其暴政再度把南方各族人民驱往北方;查理曼帝国变得孱弱后,这些已经迁往北方的民族再度返回南方。当今欧洲如果有一位君主像当年那样大肆蹂躏,被驱赶到北方的各族人民定会背靠世界边缘,坚守在原地,直到有一天以洪水之势涌向南方,第三次征服欧洲。

帝位继承引起的骇人听闻的混乱无序已经达到顶点,在瓦勒里安执政末期和他的儿子加里安执政期间,觊觎帝位的人多达三十个,他们彼此残杀,执政时间极其短促,而且全都被冠以暴君名号。

瓦勒里安被波斯人俘获,他的儿子加里安疏于理政,蛮族于是乘虚而入。罗马帝国当时的处境与百年后的欧洲相差无几②,倘若不是因为出现了一些有利的情况使它再度崛起,罗马帝国早就彻底灭亡了。

入侵了几乎整个亚细亚的波斯人,被罗马的盟友帕尔米拉国王欧迪纳特赶走。前来劫掠罗马城的蛮族,被由罗马公民组成的一支军队击退,一支兵员极多的斯基泰军队搭乘六千艘船只渡海而来,却因海难、穷困、饥饿和人员众多而彻底失败。加里安被杀,奥勒里安、塔西佗和普洛布斯四位伟人十分幸运地先后执政,挽救了即将溃亡的罗马帝国。

---

① 于是就有了下面这个有名的问题:"北方的人口为何远不如过去多?"——孟注
② 150年后,在霍诺里乌斯执政期间,蛮族入侵。——孟注

第十七章　国家机构的变化

士兵们①接连不断地叛变，皇帝们于是与他们信得过的人联手预防。戴克里先以国事繁重为由，决定设立两位皇帝和两位恺撒，他的想法是，四支大军分别由四位帝国大佬统帅，就能彼此心存戒备，其余军队的实力不足以拥立其统帅为皇帝，就会逐渐失去推举皇帝的习惯。再则，由于恺撒这个职位从属于皇帝，为政权的安全而由四人分掌的权力，其实整体上仅由两人行使。

但是，对士兵来说更具抑止作用的是皇帝的赏赐，私人财富和国库日益减少，皇帝无力再给士兵们以巨额赏赐，因而不足以促使士兵们冒险推动新的选举。

另外，权力与职能大体相当于当时宰相的近卫军长官，以往恣意杀死皇帝并取而代之，君士坦丁削弱了他们的权力和地位，仅把民事权力留给他们，并且由两名增为四名。

皇帝的性命开始更有保障，不再有死于非命之虞，他们仿佛因而变得略微温和一些，不再凶残地任意杀戮。不过，巨大的权力总会在某个方面超越界限，所以又出现了另一种暴政，只不过比较隐

---

① 孟德斯鸠撰写本章和下一章的主要依据来自阿米安努斯·马赛里努斯、拉克坦斯和佐西穆斯的著作。——编注

蔽罢了。不再是杀戮,而是极不公正的审判,是一些虽不判处死刑,但似乎是让人生不如死的审判方式。宫廷被人掌控,却以更加巧妙、更加精致、更加不露声色的手段进行统治。总之,不再胆大妄为地策划犯罪并急不可耐地付诸实施了,取而代之的是四处弥漫的卑劣者的种种邪恶和精心策划的罪行。

另一种新的腐败出现了。早期的皇帝们喜爱享乐,后期的皇帝们喜爱安适。他们与军人的交往减少了,更加闲散,更加依赖家臣,更加幽闭于内廷,更加远离国务。宫廷越是幽闭,就越为人憎恶。什么都不明说,一切都要靠暗示。声望卓著的人物无一不受到攻击,大臣和将领无休止地受人摆布,而发号施令者却是一批自己不能为国家出力,却又不让别人为国家建功立业的人[①]。

总之,亲和力本是早期皇帝得以熟悉国事的唯一原因,如今也被彻底抛弃了。君主仅凭几个亲信的报告理政,这些始终众口一词的亲信,偶尔似乎也有不同意见,但是对于君主而言,这些亲信尽管人数不少,但实际上只等于一个人而已。

好多位皇帝曾在亚细亚驻跸,由于长期与波斯诸王处于敌对状态,他们竟然也想像波斯国王那样受人敬仰。戴克里先——有人说是伽利埃努斯——特地就此颁发一份诏书。

这种亚细亚式的奢华和排场一经采用,众人很快就习以为常,当犹利安想要简朴和节俭一些时,有人竟然说他忘却了自己的尊严,其实他只不过想要恢复老祖宗的做法而已。

马可·奥勒留之后,尽管同时有几位皇帝共治,但帝国始终只

---

① 参阅作者们对君士坦丁和瓦伦斯的宫廷的描述。——孟注

第十七章　国家机构的变化

有一个，在一个外省中，几位皇帝的权威都得到承认，这就是说，几个人行使一个人的权力。

但是，伽勒里乌斯和君士坦提乌斯·克洛卢斯两位皇帝各行其是，帝国于是真的被瓜分了①。君士坦丁以此为先例，采用伽勒里乌斯而非戴克里先的做法，从而形成了一种惯例，这种惯例所带来的不只是若干变化，而是一场革命。

再则，君士坦丁很想修建一座以他的名字命名的新城，这种虚荣心促使他决定把帝国中心的所在地迁移到东方去。尽管罗马城内远不如今天这样大，但是城郊却是相当宽阔②，确切地说，处处都有别墅的意大利是罗马的一个花园，农夫都在西西里、非洲和埃及③，花匠则在意大利。土地几乎全由罗马公民的奴隶耕种。但是，帝国中心东移后，整个罗马也都随之东迁。显贵们带着他们的奴隶一起过去，而这些奴隶几乎就是全体罗马人民，意大利的人口因而骤减。

为了让新城丝毫不比旧城逊色，君士坦丁想在新城里也向居民分发粮食，为此下令把粮食从埃及运到君士坦丁堡，把非洲的粮食运到罗马。在我看来，这种做法并不明智。

在共和国时期，罗马人民是各族人民的最高首领，当然分享税赋，所以元老院起初以低价向罗马人出售小麦，后来干脆免费供

---

① 参阅奥罗西乌斯，第 VII 卷；参阅奥勒里乌斯·维克托。——孟注
② 老普林尼写道："后来新建的建筑把许多城市并入罗马城"。《自然史》，第 III 卷。——孟注（此注系 1748 年版增添。——编注）
③ 塔西佗写道，不过，意大利依然有所出产，把小麦输往偏远外省。不过，我们主要是在非洲和埃及耕作，而且更愿意让罗马人民的生活面临种种意外。——孟注

应。共和政体变成君主政体后,尽管这种情况不符合君主政体的原则,却依然延续。由于改变这个弊端会带来许多麻烦,因而未予触动。然而,君士坦丁尽管毫无正当理由,却把这种弊端原封不动地搬到新城去。

奥古斯都征服埃及时把几代托勒密的财宝带到了罗马,此事产生的效应十分巨大,几乎与后来西印度①的发现在欧洲引发的轰动效应一样,也与当今某种可笑的制度②所造成的后果相差无几。罗马的收入倍增③,并继续吸引来自亚历山大的财富,而亚历山大则吸收来自非洲和东方的财富,以至于黄金和白银在欧洲变为常见之物,百姓可以用货币来缴纳巨额税款。

罗马帝国一分为二后,财富流向君士坦丁堡。众所周知,英国的矿藏此时尚未开采④,意大利和高卢的矿藏极少⑤,自从迦太基人到来之后,西班牙的矿山就不再开采,至少不如以前那样高产了⑥。西方为获得东方的商品而输出白银之时,意大利除了被人

---

① 此处指美洲。孟德斯鸠在《论西班牙的财富》一文中对此巨变作了阐述。——编注

② 此处指约翰·劳在法国推行的金融制度。——编注

③ 苏维托尼乌斯:《奥古斯都》,奥罗西乌斯,第Ⅵ卷。罗马常常发生此类巨变。我曾说过,马其顿的大量财富涌入罗马后,赋税曾一度停止。见西塞罗:《论义务》,第Ⅱ卷。——孟注

④ 塔西佗在《日耳曼人的习俗》中郑重地提及此事。我们大体上知道德国大部分矿山的开采时间。参阅托马斯·塞斯莱伊贝鲁斯关于德国哈茨矿起源的论述。我觉得,萨克森矿不如哈茨矿古老。——孟注

⑤ 参阅老普林尼,第ⅩⅩⅩⅦ卷,第77条。——孟注(此注系1748年版增添。——编注)

⑥ 狄奥多罗斯说,迦太基人对于开矿很在行,而罗马人则精于阻挠别人开矿。——孟注

第十七章 国家机构的变化

废弃的花园,已经一无所有,没有任何办法把白银从东方吸引过来。黄金和白银在欧洲成了稀罕物,可是皇帝们依然照旧征税,于是一切都完了。

政体形式确立已久,各种事务井井有条时,使之维持现状是审慎的选择,因为,造成现状的原因往往比较复杂甚至尚未厘清,这些原因既能造成现状,也能让现状维持下去。但是,如果改变整个体制,那么,能够克服的仅仅是理论上的缺陷,其他缺陷则只能暂且不管,因为唯有实践才能发现这些缺陷。

所以,尽管帝国已经非常庞大,分裂却依然能把它置于死地,因为这个巨大躯体的各个部分长期共处,可以说已经完全适应这种共处一体、相互依赖的状态。

君士坦丁削弱首府之后①,又对边界实施打击,把驻守各条大河沿岸的军团调往多个行省②。此举产生了两个恶果,首先,阻隔各民族的屏障不复存在,其次,士兵因经常光顾马戏场和剧场而丧失了锐气③。

被君士坦提乌斯派往高卢的犹利安发现,莱茵河沿岸的50座

---

① 对君士坦丁的评论并未冒犯教会作者们,作者们说,他们听到的相关评论仅与这位君王的宗教虔诚有关,而与他治国无涉。见尤塞比乌斯:《君士坦丁传》,第Ⅰ卷,第Ⅸ章。将参阅苏格拉底,第Ⅰ卷,第Ⅰ章。——孟注

② 索西穆斯,第Ⅶ卷。——孟注

③ 基督教在罗马立足之后,角斗表演日益稀少,君士坦丁曾下令禁止,但据狄奥多罗斯和奥顿·德·弗里辛格记述,直到霍诺里乌斯执政时方才绝迹。罗马人从以往的此类表演中所得到的仅仅是那些让人丧失勇气和助长逸乐的东西。——孟注。(以往士兵们入伍之前先被安排观赏一场角斗,让他们习惯于鲜血、刀剑和伤口等血腥场面,不惧怕敌手。参阅本书第2章。——编注)

城市已被蛮族占领①,许多行省即将被蹂躏,那里的罗马军队仅剩一支影子部队,一听到敌军二字就仓皇逃窜。

君士坦提乌斯凭借智慧、坚忍、节俭、操行、品德和持续不断的一系列果敢行为,把蛮族再度赶跑②;在他此后的一生中,他的名字令蛮族吓得不敢轻举妄动③。

由于④皇帝们的执政时间比较短促,加之存在着各种政治派别和各种宗教,各种宗教内部还有各种教派,所以我们所了解的皇帝们的性格与本来面目相距甚远。我仅举两个例子,在希罗蒂安的著作中,亚历山大性格非常懦弱,可是在兰普里狄乌斯笔下却十分勇猛,东正教徒们高度赞扬格拉提亚努斯,菲罗斯托尔吉乌斯却将他比作尼禄。

瓦伦梯尼安比任何人更觉得有必要于恢复原有计划,他毕生致力于加固莱茵河沿岸的防御体系,并在那里征招兵员,修建堡垒,派驻军队并为它们提供后勤支援。可是,世界上发生了一件事,促使他的弟弟瓦伦斯决定开放多瑙河,进而引起了极为可怕的后果。

在亚速海、高加索山脉和里海之间的地区,居住着多个民族,其中大多是匈奴人或阿兰人。那里的土地极其肥沃,他们酷爱打仗和抢劫,几乎骑在马上或是坐在小车上,游荡在他们封闭的地区

---

① 阿米亚努斯·马塞利努斯,第 XVI、XVII、XVIII 卷。——孟注
② 同上。
③ 参阅阿米亚努斯·马塞利努斯献给这位君王的颂词,第 XXV 卷;还可参阅安提奥奇《历史》中的片断。——孟注
④ 此节系 1748 年版增添。——编注

第十七章　国家机构的变化

里,时而劫掠波斯和亚美尼亚边境地区,但是由于亚速海大门①防守得很严,所以他们很难经由其他途径侵入波斯。他们不相信自己能够穿越亚速海②,因而对罗马人所知甚少;当其他蛮族蹂躏罗马帝国时,他们留在因无知而给自己圈定的边界里。

有人说③,塔纳伊斯河带来的泥沙在基美利亚博斯普鲁斯堆积成一层硬壳,他们就从这层硬壳上走了过去。也有人说④,两个年轻的斯基泰人在追逐一头鹿时穿过了这个海峡,惊奇地发现那里竟然是一片新的世界,于是返回原地告诉同伴说,他们发现了新地方;我甚至可以说,他们的感觉就像发现了西印度一样⑤。

成群结队的匈奴人纷纷渡海而去,把最先遇见的哥特人赶跑,这些民族紧接着似乎争先恐后地前往该地,亚细亚因而在与欧洲的较量中增强了力量。

受到惊吓的哥特人奔向多瑙河,寻求一个落脚之地。瓦伦斯的佞臣们抓住这个机会,作为一次胜利向他禀报,说是有一个民族前来保卫罗马帝国,并将使帝国富强起来⑥。

瓦伦斯命令哥特人过来时不得携带武器,但是由于瓦伦斯手下的官吏受了贿赂,哥特人过来时携带任何东西都不受限制⑦。

---

① 指高加索中心地带的狭窄通道。——编注
② 普罗科庇乌斯:《秘史》。——孟注
③ 佐西穆斯,第Ⅳ卷。——孟注
④ 乔南德斯:《普罗科庇乌斯的〈秘史〉》。——孟注
⑤ 参阅索佐梅诺斯,第Ⅵ卷。——孟注
⑥ 阿米亚努斯·马塞利努斯,第XXIX卷。——孟注
⑦ 接到瓦伦斯命令的那些官吏当中,有人耽于女色,有人为蛮族女子的姿色所诱,有人接受亚麻服装和饰有花边的被褥等贿赂;这些人唯一关心的事,就是让自己家里不缺奴隶,农庄里不缺牲畜。见德克西普斯:《历史》。——孟注

瓦伦斯下令分给他们土地,但是,哥特人不像匈奴人,他们根本不会种地①。原来答应给他们的粮食不再给了,他们虽然身处富庶之地,却眼看就要饿死。由于他们手持武器,所以受到了不公正的对待。他们于是大肆劫掠,见到什么抢什么,从多瑙河一直抢到博斯普鲁斯,把瓦伦斯及其军队统统消灭,随后放弃已经被他们蹂躏得一片荒凉的地方,再次渡过多瑙河,返回自己的家乡②。

---

① 参阅普里斯库斯:《哥特人史》,书中对哥特人与匈奴人的这一差异讲得很清楚。
有人或许会问,那些不从事耕作的民族何以能够变得相当强大,而美洲那些不从事耕作的民族却弱小得很。这是因为游牧民族比狩猎民族容易解决生存问题。
据阿米亚努斯·马塞利努斯称,匈奴人在早期居留地也不耕种,那里牧草丰盛,又有多条河流保证水源,所以依靠畜群就能存活,就像今天居住在那里的小鞑靼人。匈奴人后来迁徙到别处,因水草等条件不如从前而无法以畜牧为生,于是开始从事农耕。——孟注

② 参阅佐西穆斯,第Ⅳ章;参阅德克西普斯:《君士坦丁的使团摘录》。——孟注

第十八章 罗马人采取的新准则

对于那些以入侵相威胁的民族,罗马人之所以多次试图以金钱进行安抚①,原因在于皇帝的怯懦和帝国的孱弱。和平是不能用来买卖的,因为,出卖过和平的人,一心只想让人再次花钱收购和平。

宁可冒战败的风险,也不能花钱换取和平。一位长期抵抗之后才战败的君主,永远会受到人们的尊敬。

况且,为换取和平而花的钱会变成贡赋,起初是自愿交付,后来就会变为被迫交付,而且被视为一种既得权益。某位皇帝若想拒付或少付给某些民族时,这些民族就会变成死敌。此类实例不胜枚举,比如,在犹利安率领下与波斯人对阵的军队,由于犹利安拒不支付已成惯例的酬金②,撤退途中遭阿拉伯人追击。嗣后在瓦伦梯尼安在位期间,由于付给阿拉曼人的礼物不如平常贵重,阿拉曼人大为恼火,这些已经懂得荣辱的北方民族,认为自己受到了侮辱而进行报复,于是打了一场恶战。

---

① 起初满足士兵的一切要求,后来满足敌人的一切要求。——孟注(此注系1748年版增添。——编注)

② 阿米亚努斯·马塞利努斯,第 XXV 卷。——孟注

罗马帝国在亚细亚和欧洲的周边民族①,一点一点地耗尽了罗马人的财富。当初各国国王送来的黄金和白银使罗马帝国变得强大②,如今由于黄金和白银流向其他国家,罗马帝国变得越来越虚弱了。

国务活动家们所犯的错误并非总是出于本意,他们往往是在形势逼迫下不得已而为之,而且眼前的麻烦还会带来新的麻烦。

正如大家所见,军队日益成为国家的负担。士兵得到的好处有三种:饷银、赏金和外快。对于那些手里把持着人民和君主的人来说,外快简直已经变成了一种权利。

在无力支付军饷的条件下,就得设法维持一支花费较少的军队。于是与一些蛮族签署协议,因为蛮族士兵不像罗马士兵那样骄奢,虽然不如罗马士兵机灵,但也没有罗马士兵的奢望。

这样做还有一个好处:蛮族士兵常常突然去到某地,在决定出发之前未作任何准备,所以罗马很难及时在外省征兵。罗马人于是只得另征一支蛮族部队,一支随时准备收取金钱、打劫和互斗的蛮族部队。这支部队眼下确实帮了忙,但是接下来就不好办了,对付这些助手丝毫不比对付敌人省事。

---

① 阿米亚努斯·马塞利努斯,第XXVI卷。——孟注

② 一位罗马皇帝曾对颇有微词的军人说道:"你们不是想要财富吗?瞧,那边就是波斯,到那里去找吧!请你们相信我,曾经拥有巨额财富的罗马共和国,如今两手空空,坏就坏在有人挑唆君主花钱向蛮族换取和平。我们的国库已经耗尽,城市被毁,各个行省都已变成废墟。将灵魂纯洁视为唯一财富的皇帝,不会把承认清白的贫困视为羞耻。"见阿米亚努斯?马塞利努斯,第XXIV卷。——孟注(此注最初的文字如下:"你想要反叛,我就去死;我已经不把生命当一回事了,有一点发烧就会丧命。我也可以下台,因为我活到现在,几乎从未有过自己的私生活。"——编注)

早期罗马人绝不让军队中此类辅助部队多于罗马人自己的部队[①]。尽管所谓的盟友其实都是下属,但是,罗马人也不愿意看到他们的下属比他们自己更好战。

但是到了后期,不但关于辅助部队所占比例的规定已被打破,就连罗马人自己的部队中,也有大量的蛮族士兵。

他们过去藉以成为世界霸主的做法被完全相反的做法取而代之,以往一贯的政策是不把自己的战争技艺外传给邻邦,如今恰恰相反,只让外人掌握,自己反而不会了。

简约地说,这就是罗马人的历史。他们以自己的准则征服了各族人民,然而,当他们征服了各族人民后,共和政体却无法延续下去了,于是只得改变政体,新政体所应用的新准则与老准则截然相反,罗马的伟大于是毁于一旦。

支配世界的不是命运,罗马人可以为此提供证明。当他们采用某一种办法治国时,罗马持续不断地繁荣富强,当他们采用另一种办法治国时,挫折接连不断。对每一个国家都起作用的一些总体原因,使罗马兴起、维持或坠入深渊,所有偶发事件都受制于这些总体原因。倘若一场偶发的战争即一个特殊原因把一个国家毁掉了,肯定有一个总体原因促使这个国家因一次战败而消亡。总而言之,所有个别偶发事件都是总趋势带动的结果。

我们看到,近二百年以来,丹麦的陆军几乎总是败给瑞典陆军。此事与两个民族的勇气以及他们的命运和武器无涉,而是丹

[①] 这是韦格蒂乌斯的说法,据李维记述,辅助部队的数量有时确实多于罗马部队,不过只多一点点。——孟注

麦军人或文人政府中的一个缺陷导致的结果,至于这是什么缺陷,我想应该不难发现①。

总之,罗马人废弃了军律,甚至连武器也扔掉了。韦格蒂乌斯说,士兵们觉得武器太沉重,格拉提亚努斯皇帝于是准许他们不穿铠甲,后来又准许他们不带头盔。这样一来,士兵们的身体完全暴露在敌人面前,毫无防御可言,于是只能设法抱头鼠窜了②。

韦格蒂乌斯还说,罗马军队丢弃了在营地设防的习惯,罗马军队为这一疏漏付出的代价是惨遭蛮族骑兵横扫。

早期③罗马军队中的骑兵数量极少,仅占一个军团的十一分之一,甚至更少。他们的骑兵甚至比我们的骑兵还少,这一点令人费解,因为我们常常需要围城,而骑兵在围城中发挥不了什么作用。罗马开始衰落后,几乎只剩下骑兵。我觉得,一个民族越是精于用兵之道,就越懂得步兵的重要性,反之,就越会增加骑兵的数量。这是因为,一支没有军纪的步兵,无论是重装还是轻装都毫无用处。骑兵则不同,即使在极度混乱中,骑兵也始终勇往直前④。骑兵的作用更多表现在迅猛和冲击力方面,步兵的作用则体现在抵抗和坚守能力方面,也就是说是一种对敌方的行动作出反应的能力,而不是主动采取行动的能力。总之,骑兵的力量比较短暂,步兵的作用相当持久,不过,步兵只有军纪严明才能持续不断地发

---

① 无政府状态在1600年导致丹麦实行专制主义。参阅本书第十五章。丹麦是一个选举制度王国,元老院中的寡头们使君权陷于瘫痪。——编注
② 《兵法简述》,第 XX 章。——孟注
③ 此段系1748年版增添。——编注
④ 鞑靼人的骑兵根本不懂我们的军事规则,可是始终战功赫赫。参阅各种游记的记述,尤其是鞑靼人前不久对中国的征服。——孟注

挥作用。

罗马人之所以能够号令所有各族人民，不仅凭借其作战技艺，也依仗其审慎、智慧、坚忍以及对光荣和祖国的热爱。到了帝政时期，除了作战技艺，其余优良素质都消失殆尽，然而，尽管皇帝既无能又暴戾，罗马人却凭借他们的作战技艺，保住了以前获得的战果。但是，当腐败在军队中普遍蔓延时，罗马就变成了各族人民的猎物。

以武力建立的帝国需要用武力支撑。可是，当一个国家陷入混乱时，就不知道如何才能走出困境；与此同理，当这个国家处于和平环境，而且因其实力而为各国所景仰时，也想不到将来会发生什么变化，因而不会对军队给予重视，因为它无求于军队，反倒对它怀有戒心，甚至常常打算削弱其实力。

早期罗马人有一项不可违犯的规定，凡放弃阵地或在战斗中丢失武器者，一律处死。犹利安和瓦伦梯尼安在这方面的规定是古老的惩戒。可是，受雇于罗马人的蛮族士兵习惯于如同当今鞑靼人那样作战，不但以退为进，而且喜欢劫掠而不追求荣誉[①]，所以他们不可能遵守罗马人的军纪。

早期罗马人的军纪相当严格，有的将领[②]处死自己打了胜仗的儿子，仅仅因为这个儿子违命出击。但是，当他们与蛮族混编之后，就染上了蛮族固有的不受管束的毛病，在贝利萨里乌斯与哥特

---

① 他们不愿意像罗马士兵那样修工事，参阅阿米亚努斯·马塞利努斯，第XVIII卷，书中写道，他们修过一次工事，那时为了取悦犹利安，因为犹利安想要加强一些要地的防御体系。——孟注

② 此处指马略，见于本书的第二章。——编注

人对阵的战争中,军官们几乎从头到尾都不服从某位将领的命令。

在激烈的内战中,苏拉和塞多留宁可豁出性命也不愿做任何可能让米特拉达梯占便宜的事。但是在后来的日子里,某位大臣或权贵觉得,让蛮族进入帝国有利于他的贪欲、复仇和野心时,他就任凭蛮族掳掠烧杀①。

对税赋的需求之迫切,莫过于日益衰落的国家,所以,民众越是担负不起税赋,税赋越是不得不加重。不久之后,罗马各个行省再也无法忍受沉重的税赋了。

萨尔维安在他的书中记述了对民众的横征暴敛②。一些公民被包税人逼得走投无路,只得逃到蛮族那里去躲税,否则就只能将自己出卖给愿意收买的人为奴。

这一点有助于解释我们法国历史上的一件事,那就是高卢人何以有这样的耐心容忍这样一场巨变,致使在一个高贵民族和一个平民民族之间建立一种令人窒息的差异。蛮族使许许多多公民变成奴隶,也就是把他们拴在农田上,他们所做的这一切,无一不是他们的前任曾经做过而且做得更残忍的③。

---

① 这种情况对于各民族混编的军队来说毫不稀奇,这些不知祖国为何物的游牧民族,常常与灭了他们民族的敌人混在一起。参阅普罗科庇乌斯对维提吉斯执政时期哥特人的记述。——孟注

② 参阅《论神意》(*de Gubernatione Dei*),第 V 章。普里斯库斯在《使节》中记述了一个生活在匈奴人中间的罗马人,此人就这个国家的好运发表了一些感想。

③ 参阅萨尔维安,第 V 章以及《法典》和《法学阶梯》中的相关内容。——孟注

第十九章 1)阿提拉的伟大 2)蛮族定居的原因 3)西罗马帝国何以首先被击败

帝国①衰落之时,基督教广为传播,基督教徒把罗马的衰落归咎于不信教者,而不信教者则要求基督教对此负责。基督教徒说,戴克里先与另外三位同僚共治②,从而毁掉了罗马帝国,因为每个皇帝都想如同一个人单独主政那样,维持奢靡的生活,拥有强大的军队,致使依靠赋税为生的人数与缴纳赋税的人数不成比例,农夫因税赋负担过重而放弃耕作,农田变成林地。反之,不信教者不停地反对前所未闻的新宗教,就像过去罗马全盛时期那样,把台伯河的泛滥和发生其他自然灾害的原因归结为诸神发怒,如今在垂死的罗马帝国,所有厄运也都被归咎于新宗教的传播和古老祭坛的倾覆。

市长西玛库斯就胜利之神的祭坛③给诸位皇帝写了一封信,

---

① 孟德斯鸠撰写本章和下面两章的主要依据来自普罗科庇乌斯的著作,他也利用了乔南德斯、佐西穆斯、皮斯库斯的著作以及梅南德的《使团摘录》。——编注
② 拉克坦斯:《迫害者之死》(Lactance, *De la Mort des Persécuteurs*)。——孟注
③ 胜利之神祭坛设在元老院的议事大厅中。君士坦丁曾撤除此坛,犹利安予以恢复,格拉古于382年再度撤除。西玛库斯的信写于384年。——编注

他在信中所竭力推崇的,是民间反对基督教的多种理由,因而非常诱人。

他写道:"除了往昔的繁荣留给我们的经验之外,还有什么能引导我们去认识诸神?我们应该忠于以往的岁月,追随我们的父辈,他们也曾经有幸追随他们的父辈。请设想一下,罗马是这样对你们说的:伟大的君主,祖国之父,请尊重我的那个年代吧,我在那些年里始终遵守祖先的礼仪,对祖先的崇敬使全世界都臣服于我的法律,汉尼拔因此而在罗马城外被击退,高卢人因此而在坎皮托里奥山上被击退。我们祈求和平是为了祖国的诸神,为了我们的本地诸神①。我们不会参与仅仅适合于那些无所事事的人的争论,我们愿意献上的是祈祷,而不是战斗②。"

三位著名作者对西玛库斯作出回应。奥罗西乌斯撰写历史著作,用以证明世界上从来都有不信教者所抱怨的灾难。萨尔维安在他的著作中指出,是基督教徒的堕落招致蛮族的蹂躏③;圣奥古斯丁则指出,天上之城与地上的城是不一样的④;地上的城里的罗马人,因一些人间美德而获得褒奖,然而这些褒奖与美德本身一样毫无意义。

前已提及,早期罗马人的政策是在让他们不快的那些势力之间制造分裂。在接下来的日子里,他们无法取得成功,因而只得眼看着阿提拉从多瑙河来到莱茵河,把所有北方民族统统征服,把沿

---

① "本地诸神"指罗马宗教中该民族特有的神祇。——编注
② 《西玛库斯书信集》(*Lettres de Symmaque*),第 X 卷。——孟注
③ 《论上帝的治理》(*Du Gouvernement de Dieu*)。——孟注
④ 《上帝之城》(*De la Cité de Dieu*)。——孟注

河的所有堡垒和防御设施统统拆毁,让两个帝国变成他们的附庸。

阿提拉蛮横地说道:"狄奥多西与我一样,有一位高贵的父亲。但是,既然他向我纳贡,那就意味着他已失去高贵的身份,成了我们的奴隶。因此,他不应该像恶奴那样陷害主子①。"

他在另一个场合还说:"皇帝撒谎不妥。他答应我的一个臣属,娶萨图尼鲁斯的女儿为妻。他如果不愿兑现承诺,我就向他开战;如果他无法兑现承诺,或是因为下属不服从他的命令,那么我就立即前去支援他。"

阿提拉留下罗马人是他的民族习俗使然,不应把此举视为出于他的宽和。这个民族的习俗是迫使其他民族臣服,而不是将他们征服。依照普里斯库斯的描述,住在木屋里的这位君主是所有蛮族的主子②,从某种意义上说③,也是几乎所有开化民族的主子,是历史从未提到过的伟大君主之一。

在阿提拉的宫里可以见到东部帝国和西部帝国的使臣,他们来到此处是为了学习他的法律,请求他宽容。他时而要求把投敌的匈奴人和罗马奴隶送还给他,时而让人把罗马的某个大臣交出来。他从东部帝国征收两千一百磅黄金的税款,他从罗马军队那里接受支付给将军的薪俸,他把他想要奖掖的人派到君士坦丁堡去,让他们在那里发财致富,借此持续地把畏惧传递给罗马人。

---

① 《哥特人史》和普里斯库斯的《出使记》(*Relation de l'ambassade*)。这里说的是小狄奥多西。——孟注

② 《哥特人史》(*Histoire gothique*),乔南德斯:《色雷斯人史》(*De rebus geticis*)。——孟注

③ 依据《出使记》的记述,阿提拉的廷臣们还想打波斯人的主意。——孟注

他的臣民怕他,但好像并不恨他①。他极为高傲,但又有点狡猾;他发起怒来火气极大,不过他也知道依据利害关系给予原谅或减轻处罚,当和平能给他带来好处时,他绝不发动战争;依附于他的那些国王都对他忠心耿耿,他自己则集匈奴人的简朴习俗于一身。总之,在这个民族里,孩子们听到父辈的赫赫战功时万分激动,而父辈们则因无法效仿这些孩子而老泪纵横,对于这个民族领袖的勇气,如何赞扬都不算过分。

阿提拉死后,所有蛮族再次各奔东西;但是,罗马已经极度衰弱,以致任何一个小民族都能对它造成伤害。

导致罗马衰亡的并非某一次入侵,而是所有的入侵。自从伽鲁斯主政时期那次全面入侵之后,罗马帝国仿佛实力重现,因为一寸土地也未丢失。但是,罗马帝国还是一步一步从衰微走向覆亡,直到阿卡狄乌斯和霍诺里乌斯主政时期突然崩溃。

把蛮族赶回他们自己的故土纯属徒劳,为了确保战利品的安全②,他们自己本来就要返回故土的。即使把蛮族全都消灭掉,那也是枉然,不会因此而使城市不被劫掠,村庄不被烧毁,居民不被杀害或驱散③。

每当一个行省惨遭洗劫之后,随之而来的蛮族发现这里已经空无一物,于是转向另一个行省。起初被蹂躏的仅限于色雷斯、密

---

① 关于这位君主的性格及其宫廷的规矩,参阅乔南德斯和普利斯库斯的著作。——孟注
② 1734年版中的此句为"为了运回遗体"。——编注
③ 哥特人是一个破坏性力极强的民族,他们杀死了色雷斯的所有种地人,砍断了所有推小车人的手。(马尔库斯:《拜占庭史》,载于《使团摘录》(*Histoire byzantine, l'Extrait des ambassades*)。)——孟注

细亚和潘诺尼亚①,这些地方被糟蹋以后,马其顿、帖萨利亚和希腊随之遭殃,祸害一直延伸到诺里库姆②。帝国,也就是有人居住的地方一天天缩小,意大利成了帝国的边境。

要问蛮族在伽鲁斯和加列努斯执政时期为何不定居,原因在于还有地方可以劫掠。

诺曼人堪称罗马帝国征服者的形象,所以,当他们蹂躏了法兰西数百年之后,再也无可劫掠时,接受并瓜分了一个劫后一片荒芜的行省③。

此时的斯基泰几乎是不毛之地④,饥荒不断,百姓靠与罗马人的贸易赖以勉强生存,罗马人把多瑙河附近各行省的生活必需品运送过来⑤,蛮族用以交换的是他们抢来的物品和战俘,以及因同意和平相处而获得的黄金和白银。不过,一旦罗马人缴纳的贡物不足以维持他们的生计,他们就被迫定居下来了⑥。

---

① 密细亚位于下多瑙河地区,潘诺尼亚包括现今奥地利和匈牙利的一部分。——编注

② 诺里库姆包括当今德国的拜恩和奥地利的其余部分。——编注

③ 参阅安德列·迪歇纳收集的编年史中关于该省在9世纪末和10世纪初的情况。——孟注(此注系1748年版增添。——编注)

④ 前已提及,哥特人不从事农耕,汪达尔人把他们称作"特鲁尔"(Trulles),特鲁尔是一个很小的面积计算单位。在一场饥荒中,汪达尔人卖给哥特人的小麦,虽然只有小小一"特鲁尔",却索价很高。——孟注

⑤ 普里斯库斯在他的历史著作中谈到,依据协议在多瑙河沿岸建立了一些市场。——孟注

⑥ 哥特人遣使请求芝诺,接受特里阿里乌斯的儿子提乌德里克为盟友,以芝诺曾经给予巴拉姆贝尔的儿子的那些条件为条件,元老院被征询后回答说,国家收入无力同时供养两个哥特人部落,必须从中选定一个。(马尔库斯的著作,见于《使团摘录》。)——孟注

西部帝国首先被击溃,究其原因,有如下几点:

蛮族渡过多瑙河后,在其左侧遇到了博斯普鲁斯和君士坦丁堡以及东部帝国的全部兵力,前进受阻;于是不得不转向右侧的伊利里亚,朝着西方推进,而这个方向有各族人流涌来。通向亚细亚的路径把守很严,所有人群于是退回欧洲。与伽鲁斯执政时发生的第一次入侵时的情况不同,那时的蛮族的兵力化整为零了。

帝国真的分裂了,东罗马帝国的皇帝们与蛮族是盟友,所以不愿意为了支援西罗马帝国而与盟友分手。普利斯库斯说①,行政管理事务方面的这种分裂,对于西罗马帝国造成巨大损害。东罗马帝国鉴于与汪达尔人的联盟关系,拒不向西罗马帝国提供武装船队②。西哥特人与阿卡狄乌斯结盟后进入西罗马帝国,霍诺里乌斯被迫逃到拉韦纳③。最终,芝诺为了摆脱提奥多里克,劝说他去攻打已经被阿拉里克糟蹋得不成样子的意大利。

阿提拉与汪达尔人的国王盖塞里克是亲密盟友④。盖塞里克有点惧怕哥特人⑤,为儿子娶哥特人国王的女儿为妻,却又让人割掉她的鼻子后把她送回去。于是他与阿提拉结为盟友。两个帝国好像被这两位国王捆住了手脚,不敢相互支援。西罗马帝国的形势因没有海军而特别令人揪心,埃及、塞浦路斯、腓尼基、伊奥尼亚和希腊这些经商的东方国家才有海军⑥。汪达尔人和另外一些民

---

① 普利斯库斯,第Ⅱ卷。——孟注
② 同上。
③ 普利斯库斯:《汪达尔人的战争》(*Guerre des Vandales*)。——孟注
④ 普利斯库斯,第Ⅱ卷。——孟注
⑤ 参阅乔南德斯:《色雷斯人史》,第ⅩⅩⅩⅥ章。——孟注
⑥ 在君士坦丁与李锡尼对阵的那场战争中尤为明显。——孟注

族从各个方向对西罗马帝国的海岸进行攻击。普利斯库斯写道①,一个意大利使团来到君士坦丁堡向罗马人传话,若不与汪达尔人和解,罗马人就难以支撑下去。

在西罗马帝国②执政的人并不缺少政治上的对策。他们认为,必须救援意大利,因为在某种意义上说,意大利既是帝国的头颅,又是帝国的心脏。蛮族被移到极为边远的地区,并在那里安置下来。这个计划制订得好,执行得也好。这些民族只求维持自己的生存,于是把平原给对方,留给自己的是山地、河流的渡口、峡谷、大河沿岸的要地,主权因而依然在握。有迹象表明,这些掠夺者民族本来是有可能被迫成为罗马人的,法兰克人、希腊人和摩尔人后来没费多大力气就把他们消灭了,这一事实表明,这个想法不无道理。一场比任何巨变更致命的巨变彻底改变了这个体系。由外邦人组成的意大利军队的要求是,那些比他们更外邦的民族所得到的东西,也应该同样给予他们。在奥多亚克主政时期,这支军队组建了贵族政体,攫取了意大利三分之一的土地。这对于罗马帝国而言,不啻是致命一击。

人们带着一种忧郁的好奇心,在众多的厄运中探索罗马城的命运。罗马可以说是一个不设防的城市,而且很容易被敌人制造饥荒。城墙很长,难以防守;又因为罗马城坐落在平原上,所以很容易被突破。罗马人口日益稀少,无法为军队提供后备兵源。皇帝们不得不退缩到拉维纳去,因为这座城市与当今的威尼斯一样,

---

① 普利斯库斯,第II章。——孟注
② 此注及下一个注均系1748年版增添。——编注

过去是一座被海洋守护着的城市。

几乎总是被自己的君主抛弃的罗马人民,终于开始自己做主,为了自我保存而缔结条约①。这是获取最高权力的最合法的方法。于是乎,阿莫里克和勃艮第开始了在自己的法律之下的生活。

西罗马帝国就这样终结了。罗马之所以变得强盛,是因为打完一仗之后才打另一仗,它享有一种无法想象的幸运,那就是,每个民族总是在另一个民族失败之后才向罗马发起攻击。罗马之所以毁灭,是因为所有民族在同一时间向它发起攻击,从四面八方向罗马挺进。

---

① 在霍诺里乌斯主政期间,对罗马实行围城的阿拉里克置皇帝的反对于不顾,强迫罗马城与之结盟。(普罗科庇乌斯:《哥特人的战争》,第Ⅰ卷。)参阅佐西穆斯,第Ⅰ卷。——孟注

第二十章　1）查士丁尼的征战
2）查士丁尼的治理

这些民族乱作一团地涌进罗马帝国，彼此不和，当时的政策就在于全力武装这些民族，让他们互斗。办成此事不难，因为他们本来就凶狠和贪婪。他们中的大多数在站稳脚跟之前就在互斗中完蛋了。如此一来，东罗马帝国就又苟延残喘了一阵。

北方力竭气衰，往日来自北方的大量军队如今不见踪影了，因为，自哥特人和匈奴人入侵以来，尤其在阿提拉死后，匈奴人和跟随匈奴人的其他民族都显得进攻乏力了。

这些全民皆兵的民族一旦分散为民，实力大为减弱，他们分散在被他们征服的各个地方，面临着遭受攻击的危险。

就在这种形势下，查士丁尼着手征服非洲和意大利，他们相当顺利，与我们法国人在对付西哥特人、勃艮第人、伦巴第人和撒拉逊人时一样。

基督教传入蛮族之后，阿里乌教派在帝国占有一定程度的主导地位。瓦伦斯向蛮族派去阿里乌教派的教士，这些教士就成了蛮族的首批使徒。这个教派促使蛮族改宗并因此而站稳脚跟，可是在这段时间里，这个教派在罗马人中间却似乎已被摧毁。信奉阿里乌教派的蛮族身边几乎全是信奉东正教的罗马人，无法获得他们的好感。皇帝想要骚扰他们倒是相当容易。

这些既不擅长攻城,更不善于守城的蛮族,任凭城墙坍塌成废墟。普罗科庇乌斯告诉我们,贝利萨里乌斯亲眼见到,意大利的一些城市就是这样。盖塞里克捣毁了非洲的城市①,维蒂札为安抚追随他的民众而捣毁了西班牙的城市②。

大多数定居在南方的北方人沾染了柔弱之风,再也不堪作战的劳累③。汪达尔人沉溺在逸乐之中,美味佳肴、华丽服饰、沐浴、音乐舞蹈、花园和戏剧,都成为他们生活中不可或缺的东西。

马尔库斯说④,盖塞里克以前始终保持着一支随时可以打仗的军队,以其随时可以投入战斗而震慑敌人,并令世界为之震惊;如今汪达尔人既然不再维持这支军队,罗马人自然也就不再担忧了⑤。

罗马骑兵的射箭技艺训练有素,哥特人和汪达尔人的骑兵则只会使用剑和投枪,无法从远处攻击敌人⑥。贝利萨里乌斯认为,这种差异是他取胜的原因之一。

罗马人,尤其是查士丁尼执政时期的罗马人,大大得益于匈奴人,帕提亚人是从匈奴人分出来的一支,两者的作战方式相同。自

---

① 参阅普罗科庇乌斯:《汪达尔人的战争》,第Ⅰ卷。——孟注
② 马里亚纳:《西班牙史》(*Histoire d'Espagne*),第Ⅵ卷。——孟注
③ 参阅普罗科庇乌斯:《汪达尔人的战争》,第Ⅱ卷。——孟注
④ 《拜占庭史》,见于《使团摘要》。——孟注
⑤ 荷诺里(Honoric)在位期间。——孟注(孟德斯鸠此处想说的是汪达尔人的国王胡奈里克(Hunéric)。——编注)
⑥ 参阅普罗科庇乌斯:《汪达尔人的战争》,第Ⅰ卷;同一作者的《哥特人的战争》,第Ⅰ卷。哥特人的射手不骑马,而且训练水平较差。——孟注

第二十章　1)查士丁尼的征战　2)查士丁尼的治理

从匈奴人因阿提拉战败和他众多的儿子的内部分裂导致实力丧失后,匈奴人就以助手身份为罗马人服务,组建了最好的骑兵。

所有这些蛮族都有各不相同的独特战法和武器配备方法①。手持利剑的哥特人和汪达尔人令人不寒而栗,匈奴人令人钦佩,苏维汇人的步兵十分精良,阿兰人配备的武器十分沉重,而埃鲁尔人都是轻装部队。罗马人根据自己的需要作出选择,集中各支部队之长对付一支部队。

令人不解②的一点是,最弱的民族往往分布最广,若是单凭胜负来判断强弱,那就大错特错。在长时间的入侵活动中,蛮族或者说来自蛮族的人群,有时战胜,有时战败,无论胜败都是当时实际情况使然。某个较大民族战败或受阻时,一群冒险分子就会在他们所发现的一个无人防守的地方大肆劫掠。哥特人因武器低劣而在许多民族面前仓皇逃窜,定居在意大利、高卢和西班牙。实力不强的汪达尔人离开西班牙,去非洲建立了一个大帝国。

查士丁尼为对付汪达尔人而配备的船只仅有 50 艘,贝利萨里乌斯登陆时的兵力只有五千人③。这是一次十分大胆的行动,此前里奥攻击汪达尔人时,集中了东罗马帝国的所有船只,配备的兵力多达十万人,但是他并未攻下非洲,甚至一度想要放弃帝国。

这些强大的舰队与以往强大的陆军一样,从未尝到过胜利的滋味。征战如果旷日持久,舰队就会拖垮国家,如果遇到不测事

---

①　乔南德斯在书中出色地描绘了这些差异。那是在杰皮德人向阿提拉的儿子们发动攻势之时。——孟注(此注系 1748 年版增添。——编注)
②　此节系 1748 年版增添。——编注
③　普罗科庇乌斯:《哥特人的战争》,第 II 卷。——孟注

件,舰队得不到支援和补充,一旦损失一部分,余下的也就毫无用处,因为,战船、运输船、骑兵、步兵以及各种军需品,所有这些不同部门都依赖于整个总体。行动缓慢的结果就是让敌人做好准备。征战几乎从未在合适的季节进行,有时反倒在暴雨季节作战,许许多多事情几乎总是没能及时准备好,往往与事先的设想相差几个月。

贝利萨里乌斯入侵非洲时,依据他与哥特人的王后阿玛拉松特缔结的条约,从西西里获得了大量给养,这对他帮助极大。此前他奉命攻打意大利时,发现哥特人从西西里获得补给,于是决定以夺取西西里开始这场征战。他让敌人饥肠辘辘,而他自己的队伍却什么都不缺。

贝利萨里乌斯拿下了迦太基、罗马和拉韦纳,把俘获的哥特人和汪达尔人的国王押往君士坦丁堡;时隔许久之后,古代的凯旋庆典再度重现[1]。

在这位伟人的优秀品质中[2],可以找到他屡建奇功的主要原因。作为一位将领,他遵奉早期罗马人的一切行事准则,组建了一支与古代罗马军队一模一样的军队。

在奴役状态下,一个人的优秀品质通常藏而不露或消失殆尽。可是查士丁尼的暴政却无法湮没这位伟人高尚的灵魂和出众的才干。

这个朝廷因有了阉臣纳尔塞斯而显得更加辉煌。纳尔塞斯在

---

[1] 查士丁尼仅为他的非洲大捷举行了凯旋庆典。——孟注
[2] 参阅《苏达》辞书中的"贝利萨里乌斯"条目。——孟注

第二十章 1)查士丁尼的征战 2)查士丁尼的治理

宫中成长,因而更为皇帝所信任,因为在君主们的眼里,最可信赖的永远是宠臣。

但是,查士丁尼的行径恶劣,挥霍无度,秉性暴戾,掠夺成性,大兴土木,朝令夕改,变化无常,色厉内荏,所有这一切随着年迈而愈发令人难以忍受,这便是名副其实的不幸之所在,他多次获得的胜利和他所拥有的荣耀,也都显得无益和徒然。

并非因为帝国强大,而是因为某些特殊情况挑起的这些征战,把一切都毁了。当帝国的军队在这些征战中不得脱身之时,一些新的民族渡过了多瑙河,横扫伊利里亚、马其顿和希腊;波斯接连四度攻击东罗马帝国,使之遭受难以愈合的重创①。

这些征战越是迅捷,战果也就越难巩固,意大利和非洲甫一拿下,立即就要再度征战。

查士丁尼娶了一位长期为娼的优伶为妻②,这个女人对查士丁尼的控制之严,堪称历史所仅见。她把女性的激情和异想天开的特性统统用来处理国务,致使最辉煌的胜利和成功都毁于一旦。

东方人一直利用多妻制消除在我们的气候条件下女人对男人的巨大影响。但是,君士坦丁堡的法律只准男子拥有一个妻子,女性对男性的控制力因而得以充分展现③,致使有时治国乏力。

君士坦丁堡的民众始终分成蓝、绿两派,两派形成的原因不是

---

① 两个帝国都不想保住从对方夺来的东西,因而彼此的相互蹂躏更加毫不手软。——孟注

② 这个女人便是狄奥多拉皇后。——孟注

③ 在1734年版中,此句还有"也就是说,致使政体先天不足"字样。孟德斯鸠后来修正了此句,因为狄奥多拉皇帝其实是一位强势君主。——编注

别的,而是民众在剧场和马戏场上捧角的对象不同,例如在跑马场上,穿绿衫的驭手与穿蓝衫的驭手激烈争先,每个观众都狂热地为自己属意的那个驭手呐喊助威。

帝国的每个城市都有这两派,派性的激烈程度因城市的大小,也就是大部分居民的闲暇程度而异。

共和政体为了得以延续,必须有派别之分。然而,帝国内部若有派别之分,对于皇帝的统治①而言,那就是致命之伤,因为分裂只可能导致皇帝易人,而不可能产生恢复法律和制止滥权的结果。

查士丁尼偏袒蓝派,不能公正对待绿派②,致使两派关系激化,日益势不两立。

两派之争难以调和,进而导致官员形同虚设。蓝派自恃有皇帝保护,对法律毫无畏惧之心;绿派则因法律不再保护他们而不尊重法律③。

友谊、亲情、义务和感恩等所有人与人的联系都被置之脑后,家庭之间相互厮杀,所有准备犯罪乃至杀人的人都来自蓝派,所有被抢或被杀的人都来自绿派。

一个如此缺乏理智的政府自然更加凶残。皇帝狂征暴敛,把臣民压得喘不过气来,但他并不以这种普遍的不公正为满足,他还通过各种各样的暴戾措施,对特定的个人进行残酷的迫害。

---

① 在1734年版中为"对于专制主义政体而言"。——编注
② 这一弊端由来已久,苏维托尼乌斯说,民众偏向绿派,支持蓝派的皇帝卡里古拉因此而憎恨民众。——孟注
③ 为了解这个时期人们的心态,可参阅狄奥法尼斯的著作,他在书中讲述了绿派与皇帝在剧场中的长时间对话。——孟注

第二十章　1)查士丁尼的征战　2)查士丁尼的治理

普罗科庇乌斯在《秘史》中把这位皇帝描绘成最愚蠢、最凶残的暴君，我当然不会轻信他所讲述的这一切，因为他在其他著作中对这位皇帝赞颂有加①，从而减弱了《秘史》的可信度。

不过我承认，有两点促使我倾向于认同他的《秘史》。第一点是《秘史》与这位皇帝在位末期以及此后帝国惊人的弱势相当吻合。

第二是这位皇帝所制定的法律至今依然被我们视为不朽的著作，他在数年间对司法制度所做的改动，比我们法国在过去三百年间所做的还要多。

这些改动大部分都无关宏旨②，我们看不出有什么理由会让一个立法者去做这样的事，除非相信《秘史》所说，这位皇帝既出卖判决，也出卖法律。

他在自己的宗教狂热难以抑制的状态下，试图让所有人在宗教问题上的观点完全一致，这便是他的政府的政治状况所受到的最大损害。

古罗马人允许各种各样的信仰存在，帝国因而强大；后来他们把不占主导地位的那些教派一个个全都禁绝，帝国于是变得不值得一提。

宗奉这些教派的是整个民族，而且不止一个民族。其中的一些民族被罗马征服后依然保持着自己的信仰，例如萨玛利亚人和

---

①　正因为普罗科庇乌斯自相矛盾，许多历史学家往往在《秘史》是否是他的著作问题上犹豫不决。——编注

②　参阅《查士丁尼的新闻》(*Nouvelles de Justinien*)。——孟注

犹太人;有些民族则散居到各地,例如孟塔努①教派信徒和摩尼教信徒居住在弗里吉亚,撒巴派信徒和阿里乌派信徒居住在其他外省。此外还有一大批居住在乡间的偶像崇拜者,他们固执地笃信某种与他们本身一样粗野的宗教。

查士丁尼用利剑和法律摧毁这些教派,逼得这些教派的信徒起而造反,他于是将这些人彻底消灭,许多行省因此而荒无人烟。他以为这样一来,基督教信徒就人数大增,却不知有多少人死于非命。

普罗科庇乌斯告诉我们,撒玛利亚人被灭掉后,巴勒斯坦一片荒芜。此举的严重后果在于,宗教狂热极大地削弱了帝国,以至于数任皇帝之后,阿拉伯人长驱直入,把基督教彻底摧毁。

令人绝望的是,皇帝在宗教方面采取了极不容忍的态度,但是,在一些主要问题上他却与皇后意见不一,他接受加采东大公会议②的精神,皇后却支持大公会议精神的反对者;埃瓦格里乌斯说,这些反对者有的确实是真心实意,有的却是另有用意③。

普罗科庇乌斯在他的书中记述了查士丁尼建造的大厦,查士丁尼还到处修建要塞和堡垒,当我们读到和看到这些建筑物时,不免以为他把这个国家治理得繁荣昌盛,其实并非如此。

首先,罗马人根本没有要塞,他们把全部信心都寄托在军队身上。军队全都沿河驻扎,河岸上每隔一段距离建一个塔楼供官兵

---

① 孟塔努是公元2世纪弗里吉亚的一位预言家,他认为福音书并未终结基督的启示。——编注
② 公元451年的加采东大公会议宣称,基督的神性和人性是统一的。——编注
③ 第IV卷,第X章。——孟注

第二十章 1)查士丁尼的征战 2)查士丁尼的治理

居住。

但是,一旦军队变得不堪一击或者根本没有军队可供调遣,边境就无法为内地提供防卫,因而必须设法强化内地的防御,于是要塞增多,兵力减少,后撤的地点增多,安全却减少了①。由于乡村地带只有要塞四周的地区可以安全居住,于是到处修筑要塞。这一情景犹如诺曼人②时期的法兰西,那时法兰西已经虚弱到无以复加的程度,所有村庄都龟缩在围墙里面。

普里科庇乌斯用了好几页篇幅列出了一长串堡垒的名字,其实,这些只不过是帝国已经弱不禁风的显著标志而已。

---

① 奥古斯都曾修建了九个边境省,后来的诸位皇帝又增建了一些。蛮族总是出现在他们从未露过面的地方。狄翁在第Ⅰ卷第LV章中写道,在他生活的年代,也就是亚历山大朝,共有13个边境省。在从阿卡狄乌斯和霍诺里乌斯两朝开始撰写的实录中看到,仅在东罗马帝国境内就有15个边境省。边境省的数量不断增多。潘菲利亚、利考努亚和皮西迪亚都变成了边境省。整个帝国到处都建有堡垒。奥勒留甚至不得不为罗马城修建堡垒。——孟注

② 还有英国人。——孟注(在百年战争期间。——编注)

第二十一章 东罗马帝国的混乱

在此期间,波斯人的形势比罗马人好,他们不怎么害怕北方民族①,因为位于里海和黑海之间的一部分托罗斯山脉把匈奴人和罗马人隔开了,罗马人控制着一个被一扇门②关闭的狭窄出口,这是骑兵的唯一通道。在所有其他地方,这些蛮族只能从陡峭的山崖往下走,这样他们就不得不下马步行,须知,骑兵的威力可是全在于坐骑啊。阻挡他们前进的还有阿拉克斯河,这条河很深,守住渡口不让敌人过河并非难事③。

再则,波斯人的东面平安无事,南面濒临大海,他们很容易维持阿拉伯人的分裂状态,因为这些阿拉伯人一心只想你抢我夺,彼此劫掠。真正称得上敌人的唯有罗马人。霍尔米德兹的一个使节④说,"我们知道,罗马人陷入了好几场战争,几乎要与所有民族作战。他们也知道,我们只有一场战争,那就是与他们之间的战争⑤。"

---

① 此处指匈奴人。——孟注
② 里海通道。——孟注(高加索中心地带的狭窄通道,参阅本书第十七章的脚注。——编注)
③ 普罗科庇乌斯:《波斯人的战争》。——孟注
④ 《梅南德出使记》(Ambassades de Ménandre)。——孟注
⑤ 此处指波斯国王霍尔米斯达斯(公元579—592年在位)。——编注

罗马人对军事技艺的不重视程度，恰如波斯人对军事技艺的重视程度。贝利萨里乌斯对士兵们说，"波斯人的勇气绝对不如你们，但是他们的军纪胜过你们。"

波斯人在谈判中的优势不亚于在战争中的优势。他们向罗马人索取贡赋的借口是，他们有一支卫戍部队守在里海门户通道，就好像每个民族都没有自己的边界需要防守似的。对于缔约、休战、停战、谈判以及作战所消耗的时间，波斯人都要罗马人支付代价。

阿瓦尔人渡过多瑙河之后，罗马人本应加以阻挡，但是他们疲于抵御波斯人，在大多数时间里抽不出兵力来对付阿瓦尔人；而当他们把兵力用于对付阿瓦尔人时，却正是他们本应抵挡波斯人的时候。因此，他们不得不缴纳贡赋，罗马也就在各民族面前威严扫地了。

查士丁尼、提比略和莫里西乌斯竭尽全力保卫罗马。莫里西乌斯虽然品德不错，但因贪欲而黯淡无光，而这种贪欲出现在一位伟大的君主身上，实在令人难以置信。

阿瓦尔人的国王提议，按每人半个银币的代价，把他们俘获的战俘交还给莫里西乌斯。这个提议遭到拒绝后，阿瓦尔人杀死了所有战俘。罗马军人怒不可遏，酿成哗变，绿派闻风而动，也起来造反，一位名叫福凯斯的百人长被拥戴为皇帝，他下令杀死了莫里西乌斯和他的孩子。

我们从此时开始把罗马帝国改称拜占庭（希腊）帝国。发生在拜占庭帝国的，不外乎一连串哗变、反叛和背信弃义的行径。臣属缺乏应有的忠君观念，帝位的传承时常中断，以至于"皇后在寝宫中所生的紫衣贵族"①成了一个独特的头衔,只有少数出身于皇族的君主能够拥有。

条条道路通向皇帝的宝座,士兵、教士、元老、农夫、君士坦丁堡以及其他城市的老百姓,谁都有可能登上帝位。

基督教在帝国取得了压倒性的地位之后,多个异端陆续出现,必须予以谴责。阿里乌否认圣子具有神性;马其顿人否认圣灵具有神性,聂斯脱利派不承认基督的神性与人性的一体论,优迪克派不承认基督的神人两个本性,一志论派则否认基督具有人和神两种作用。为批驳这些异端,召开了多次大公会议。但是,这些会议的决议未能被普遍接受,好几位皇帝禁不起诱惑,再度宗奉被谴责的异端教派。最痛恨异端的民族莫过于希腊人,他们把与异端分子交谈和与异端分子共居,视为对他们的玷污。多位皇帝失去了臣民的信赖,老百姓习惯于认为,如此经常背叛上帝的君主,肯定不是上帝选派来治理老百姓的。

有一种意见认为,不应轻易让基督教徒流血,伊斯兰教出现后,这种想法日益深入人心,因而,并不直接涉及基督教的罪行都被从轻发落,对于煽动暴乱或伤害皇帝人身的罪犯,仅处以挖眼、割鼻、剪头发或断肢等惩罚②。此类做法既然不会造成十分严重的后果,有些并无勇气的人因而也敢铤而走险。

由于皇帝的服饰受人敬重,当局自然紧盯胆敢使用皇帝服饰

---

① 这个词源自希腊语,意为出生在紫色帐帷中。——孟注
② 芝诺在减轻惩罚中起到了重要作用。参阅卡尔库斯:《拜占庭史》,载于《使团摘要》。——孟注

的人。凡穿着紫色服饰或藏有紫色织物均为犯罪。不过,谁若穿着紫色服饰,身后必定跟着一大群人,因为对服饰的敬重甚于对人的敬重①。

那时的一种怪癖促使某些人的野心大为膨胀,在大人物中间,很少有人不认为自己有朝一日会登上皇帝宝座。

心灵的疾病是无法医治的②,因而,借助占星术和水中看物作出预言的方法,在基督教徒中大行其道,取代了连同异教一并被禁的用殉难者的内脏和鸟类的飞翔进行占卜的方法。空洞无物的许诺成为大多数胆大妄为者的动因,甚至被认为体现了皇家枢密院的智慧。

帝国的灾难日益深重,人们自然而然地把战争失利和可耻和约的签订归咎于统治者们的恶劣行径。

巨变带来巨变,结果变成了原因。希腊人看到许多家族走马灯似的先后登上皇帝宝座,人民其实并不拥护其中任何一个。命运之神既然贵贱不分地让各种各样的人登上御座,那就无论出身多么卑贱,功劳如何微不足道,都禁不住怀有有朝一日贵为皇帝的期盼。

一个国家中出现的若干实例造就这个国家的普遍精神,形成为习俗,习俗犹如法律一般,强有力地主宰着这个国家。

如今想要完成一些重大事项,看起来比我们的祖先更难了。

---

① 此处影射约翰·齐米斯齐斯一世,他在谋杀尼塞弗鲁斯后,公元696年被党徒们拥戴为皇帝。——编注

② 参阅尼塞塔斯:《安德罗尼库斯·科穆宁传》(*Vie d'Andronic Comnène*)。——孟注

什么事情都难以保密,因为如今各国之间交通方便,每个君主都向各国宫廷派驻使节,每个皇帝的内廷中都可能有变节者。

邮政的创设使得消息从四面八方以飞快的速度传递。

想要办成大事不能没有钱,自从发明汇票后,商人就成了钱的掌控者,他们的生意往往与国家的秘密相关,所以他们处心积虑地刺探国家机密。

票据交易过程中原因不明的变化,促使许多人设法寻找原因,并且最终找到了。

印刷术的发明使全世界人人都能拥有书籍,图版印刷则使地图得到普及,政治性书报问世之后,人人都能洞悉公共利益之所在,从而对那些隐秘的事情能更容易地获得清晰的了解。

邮政设立之后,针对国家的密谋变得更加困难了,因为,所有个人秘密都在公共权力机构的掌控之中。

君主们手中握有国家的力量,因而可以迅捷地采取行动,密谋者不掌握任何资源,所以他们只能缓慢地行动。然而,如今一切都很容易迅捷地得到澄清,所以密谋者行事时只要稍有迟缓,立即就会暴露。

第二十二章 东罗马帝国的虚弱

尼塞弗鲁斯·福凯斯①在一片混乱中地位不稳,从非洲来的赫拉克利乌斯把他杀了,他发现,各个行省都已遭到入侵,各个军团都已垮掉。

赫拉克利乌斯刚刚着手医治国家的这些病痛,阿拉伯人离开故土,前来传播他们的宗教,扩张他们的帝国,穆罕默德既是伊斯兰教的创立者,也是阿拉伯帝国的缔造者。

从未见过如此神速的推进脚步,他们首先征服了叙利亚,接着击败了巴勒斯坦和埃及,随后便侵入波斯。

上帝恩准基督教不再是许多地方的主导宗教,并非上帝抛弃了基督教,而是基督教无论在荣耀中或在外表的屈辱中,同样始终如一地能够让人变得圣洁。

宗教的兴盛与帝国的兴盛不同。一位著名作家②说,能生病是件开心的事,因为病态是基督教徒的真实状态。同样也可以这样说,教会的屈辱和溃散、神殿的被毁、殉教者的痛苦,所有这些都

---

① 孟德斯鸠撰写本章和下一章的主要依据是 1672—1674 年出版的库赞三卷本《君士坦丁堡史》(Cousin, *Histoire de Constantinople*)和君士坦丁七世波尔费罗格尼托斯主持下编纂的文集。——编注

② 此处指帕斯卡尔的《思想录》。——编注

是基督教的荣耀；基督教在世人眼里大获全胜之际，其实正是它式微之时。

对于阿拉伯人征服许多地方这个令人瞩目的事件，不能仅以热情来加以解释。长期以来，在罗马人和波斯人的诸多辅助兵力中，萨拉逊人一直与众不同。奥斯若恩人①和阿拉伯人是全世界最优秀的射手②，亚历山大-塞维路斯和马克西米努斯尽一切可能把他们全都招进自己的军队，这些军人尚在远处就向敌人射箭，因而在对日耳曼人的战争中取得了辉煌胜利。在瓦伦斯执政时期，哥特人也抵挡不住这些奥斯若恩人和阿拉伯人③。总而言之，他们是当时全世界最精锐的骑兵。

前已提及，罗马人的欧洲军团胜过亚细亚军团。但是就骑兵而言，情况恰好相反，这里说的是帕提亚人、奥斯若恩人和萨拉逊人的骑兵，正是这些骑兵遏制了罗马人的征服，因为从安提奥库斯之后，一个拥有全世界最精锐骑兵的新鞑靼民族占据了上亚细亚。

这支骑兵是重装骑兵④，欧洲的骑兵是轻装骑兵，如今的情况恰恰相反。荷兰和弗里西亚那时可以说尚未形成⑤，德意志到处都是森林、湖泊和沼泽，骑兵没有用武之地。

这些大河疏通后，沼泽消失，德意志面貌焕然一新。瓦伦梯尼

---

① 奥斯若恩位于美索不达米亚北部。——编注
② 此处的射手指弓箭手和投枪手。——编注
③ 佐西穆斯，第IV章。——孟注
④ 参阅佐西穆斯，第I卷，关于奥勒留和帕尔米拉的骑兵的记述，参阅阿米亚努斯·马塞利努斯关于波斯骑兵的记述。——孟注
⑤ 这些地方大多是湿地，经由人工改造后方能居住。——编注

第二十二章　东罗马帝国的虚弱

安和罗马人分别在内卡河和莱茵河上修建了一些工程后①,面貌大为改观②。商业发展起来之后,这些以前见不到马的地方,不但出产马,而且使用马③。

赫拉克利乌斯的儿子君士坦丁被毒死,君士坦丁的儿子君士坦在西西里被杀,君士坦的儿子大胡子君士坦丁承继皇位④。东部各省的权贵们聚在一起,主张为君士坦丁的两位兄弟加冕,理由是,既然相信基督教的三位一体,同时有三个皇帝也合情合理。

在希腊的历史上,此类怪事比比皆是。既然小民意识成为民族精神,在宏伟的事业中就别再指望有什么睿智。无缘无故的乱象不断,毫无目标可言的变革一再发生。

四处蔓延的过度虔诚扑灭了人们的英勇气概,使整个欧洲处于麻痹状态。准确地说,君士坦丁堡是基督教占有主导地位的唯一东方国家。亚细亚各民族的这种怯懦、懒惰和孱弱,却是与虔诚搅和在一起的。实例成千上万,我只举菲利普库斯一例。莫里西乌斯麾下的这位将领,准备投入战斗时放声大哭,原因是他想到许多人即将在这场战斗中被杀死⑤。

阿拉伯人的眼泪则是另一回事了。他们痛苦得热泪横流是因

---

① 参阅阿米亚努斯·马塞利努斯,第XXVII卷。——孟注
② 那里的气候也变了,没有此前一些作者所说的那么冷了。——孟注
③ 恺撒说,日耳曼人的马小而劣(《高卢人的战争》,第IV卷,第II章)。塔西佗在《日耳曼人的习俗》中写道"日耳曼地区有许多牲畜,但其中很多的体形偏小"。——孟注
④ 佐西穆斯:《大胡子君士坦丁传》(Vie de Constantin-le-Barbu)。——孟注
⑤ 泰奥菲拉克特:《莫里西乌斯皇帝史》(Histoire de l'empereur Maurice),第II卷,第II章。——孟注

为他们的将军下令休战,因而无法让基督教徒们尸横遍野①。

一支狂热的军队和一支过度虔诚的军队完全不一样。近代史上就有这样的实例,在那场著名的革命中,克伦威尔的军队就像是以前阿拉伯人的军队,而爱尔兰和威尔士的军队,就像是以前希腊人的军队。

宗教提升人们的精神,粗陋的迷信削弱人们的精神。这种迷信把人的全部美德和信任置于无知而愚蠢的偶像崇拜之中。有的将军竟然为了得到一块圣徒遗骨而撤除对敌人的包围②,放弃一座城市③。

基督教在拜占庭帝国日趋衰落,就像沙皇彼得一世大力进行改革前的莫斯科一样。这位沙皇全力促使民族振兴,进行了一系列改革,与征服者在被征服国家中推行的变革相比,有过之而无不及。

我们④很容易相信,希腊人陷入了某种偶像崇拜之中。但是,我们并不怀疑那时的意大利人和德意志人纠结于一种外在的崇拜。可是,当拜占庭历史学家们谈及拜占庭人对圣徒遗骨和圣像的蔑视时,就像是在说我们法国那些激烈反对加尔文的辩论家。德意志人前往圣地时,尼塞塔斯说,亚美尼亚人把他们当作朋友接待,因为他们不是圣像崇拜者。如果说,在拜占庭人看来,意大利

---

① 参阅奥克雷的《萨拉逊人征服叙利亚、波斯、埃及记》(Ockley, *Histoire de la conquête de la Syrie, de la Perse et de l'Egypte par les Sarrasins*)。——孟注
② 佐纳拉斯:《罗曼努斯·利卡潘努斯传》(*Vie de Romain Lacapène*)。——孟注
③ 尼塞塔斯:《约翰·科穆宁传》(*Vie de Jean Commène*)。——孟注
④ 此节在1734年版中是一个脚注。——编注

第二十二章　东罗马帝国的虚弱

人和德意志人对圣像的崇拜尚有不足，那么他们自己对圣像的崇拜又该达到什么程度呢？

东方此时出现的巨变与二百年前发生在西方的巨变极为相似。那时的西方由于出现了文艺复兴，人们开始感到自己身处滥权和混乱之中，大家于是寻找改变这种状况的办法，一些不怎么安分的人敢作敢为，要把教会干脆铲除掉，而不只是进行一些改革。

伊苏里亚人里奥、君士坦丁·科普罗尼穆斯和他的儿子里奥，发动了对圣像的围剿，伊琳娜女皇在位时恢复了圣像崇拜，此后的亚美尼亚人、结巴米凯尔和狄奥菲勒，再次对圣像崇拜进行清除。这几位皇帝认为，若不彻底铲除圣像崇拜，就不可能使之降温。他们把矛头指向给国家制造麻烦的僧侣[①]，而且总是采取极端措施，用剑把他们杀死，而不是设法规范他们的行为。

新舆论的拥护者们指控僧侣们崇拜圣像[②]，僧侣们则反唇相讥，指责这些人崇拜圣像[③]。与此同时，僧侣们向民众展示他们的教堂，表明教堂里面没有任何圣像，也没有此前一直饱受诟病的其他崇拜对象；僧侣们绝不让民众凭借想象，以为圣像除了用来祭祀魔鬼之外，还有其他用途。

[①] 很久以前，瓦伦斯就制定法律，强制僧侣参战，不服从者处死。见乔南德斯：《哥特人史》(de Regn, success. loi XXVI, cod. De Decur)。——孟注

[②] 这里就希腊僧侣所说的话，丝毫不涉及他们的国家。因为我们不能因为某件事不好，就说是某个时期或某个地方把它搞坏了。——孟注

[③] 语法学家里奥：《亚美尼亚人里奥传》(Vie de Léon L'Arménien)、《狄奥菲勒传》(Vie de Théophile)。参阅叙达斯书中的"君士坦丁"条。——孟注

关于圣像的争论之所以如此激烈，致使一些智者也无法推荐一种宽和的崇拜，原因在于这场争论是与一些需要审慎处理的事情纠结在一起的。首先是权力问题，僧侣们已经把权力攥在手心里，他们若想巩固或加强权力，只有通过不断地增强外在崇拜才行，而他们自己也是被崇拜的对象。这就是剿灭圣像的斗争始终把矛头指向僧侣的原委。僧侣们一旦取胜，他们的权力就再也没有边界了。

这次争论与数百年前巴尔拉姆①和阿金蒂诺斯与僧侣们的那次争论颇有相似之处。当年那次争论让帝国备受熬煎，并最终导致帝国垮台；当时争论的焦点是：出现在大博尔山上耶稣基督四周的光是不是上帝创造的。僧侣们其实对这个问题不太在乎是或不是，但是，巴尔拉姆既然把矛头直接指向他们，他们就只能说，这个光不是上帝创造的。

反对圣像崇拜的皇帝们挑起的这场以僧侣为打击对象的战争，使他们稍稍回归到以往治国的原则上去，把公共收入用于民生，最终让国家解脱了身上的羁绊。

希腊僧侣们把世俗信教者推入到极端无知的状态之中，当我想到这种无知状态时，禁不住要把这些僧侣与希罗多德所说的斯基泰人②作一番比较，他们挖掉奴隶的眼睛，为的是绝不让他们在搅奶时分心。

---

① 意大利僧侣巴尔拉姆，是14世纪的一位雄辩家和神学家，彼特拉克的老师。他在阿金蒂诺斯的协助下，在1339年与阿索斯山的僧侣们进行了一场长时间的争论。——编注

② 第IV卷。——孟注

第二十二章 东罗马帝国的虚弱

狄奥多拉女皇恢复圣像崇拜,僧侣们再度糟蹋民众的宗教虔诚,他们甚至迫害在俗僧侣,并且占据所有较高职位[①],把所有神职人员逐渐排除在主教职位之外。这些做法让这些僧侣实在无法容忍了,如果将他们与拉丁神职人员做一番比较,如果把教皇们的行为与君士坦丁堡的高级神职人员的行为作一番比较,我们便能发现,教皇有多聪明,这些高级神职人员就有多不明智。

这或许是人类精神的一个怪异的矛盾现象。早期罗马基督教的神职人员可以担任官职,而且并未被排除在公民社会之外,但是他们对公共事务并不十分关心。基督教站稳脚跟之后,神职人员虽然与世俗事务日益拉开距离,但依然适度参与其中。可是,帝国开始衰落之后,僧侣成了仅有的神职人员,这些因特殊职业而注定要逃避和惧怕公共事务的人,却抓住一切能置身其中的机会,不停地制造喧嚣,扰乱这个他们早已脱离的社会。

国家大事、媾和、宣战、休战、谈判乃至婚姻,如果没有僧侣们的参与,全都办不成。枢密院里充斥着僧侣,人民大会的成员几乎都是僧侣。

很难想象,这样的局面所产生的是什么样的恶果。他们削弱了君主们的精神,促使君主们鲁莽从事,甚至在做好事的时候也是如此。巴希尔派海军士兵到圣米歇尔去修建教堂,萨拉逊人乘机夺取了西西里岛,攻下了叙拉古;他的儿子里奥继位后,继续把海军派去修建教堂,萨拉逊人于是占领了托罗美尼亚和

---

① 参阅帕希梅尔(Pachymère),第 VIII 卷。——孟注

利姆诺斯岛①。

有人信誓旦旦地对安德罗尼库斯·帕列洛古斯说,他对教会和睦相处的热切期盼令上帝十分高兴,他的敌人因而都不敢攻击他,于是他把海军放弃了。他还担心上帝要他禀报,他从本应用在宗教活动的时间里,抠出多少来处理国务了②。

希腊人都善于言辞和争辩,当然个个都是诡辩家,他们一刻不停地以各种争执搅乱基督教。越是腐化的宫廷越是虚弱,僧侣们在宫廷里享有很高的声誉,他们与宫廷彼此姑息养奸,结果便是双方都罹患恶疾。这样一来,皇帝们有时就得拿出精力来平息神学争吵,但更多时候却是激化神学争吵,正如人们所见,这种神学争吵越是激烈,就越是琐碎无聊。

米凯尔·帕列洛古斯在位期间因宗教争论多次引发骚乱。当他看到突厥人对亚细亚的恣意蹂躏时,叹着气说,某些胆大妄为的狂热分子斥责他的行为,借此煽动一些臣民反对他,逼迫他全力自保,不操心外省是否败落。他说:"我只能借助外省总督之手,给这些遥远的地方提供一些支援,可是,这些总督总是向我隐瞒实际需要,或许因为他们拿了人家的钱,或许因为他们害怕受到惩罚③。"

君士坦丁堡高级神职人员的权力大得吓人。发生民众骚乱时,皇帝和权贵们都躲进教堂,决定他们死活的大权于是就掌控在

---

① 佐纳拉斯和尼塞弗里:《巴希尔和里奥传》(*Vie de Basile et de Léon*)。——孟注
② 帕希梅尔,第 VII 卷。——孟注
③ 帕希梅尔,第 VI 卷。——孟注

第二十二章 东罗马帝国的虚弱

宗主教手里,而且可以随心所欲地行使这个权力,尽管他不直接进行仲裁,但他始终是所有公共事务的裁决人。

大安德罗尼库斯①让人告诉宗主教,他只要管好教会事务就行,国事交由他这位皇帝去处理。宗主教答道:"就好比躯体对灵魂说:我不指望与你共享任何东西,但是,我在发挥自己的功能时也不需要你的任何帮助。"

君主们无法忍受宗主教们如此张狂的要求,因而常常把他们赶下台。然而,对于一个迷信的民族来说,在一个被大家认为是僭越者的宗主教的主持下,所有宗教功能都乏善可陈,于是出现了分裂,老宗主教、新宗主教、最新的宗主教,每个宗主教都有追随自己的同伙。

此类争执比有关教义的争论更可悲,因为每当一位宗主教被免职,必定发生新的争执,恰如七头蛇一样,砍掉一个头,立即就会生出一个新头。

希腊人对于激烈的争辩已经习以为常。康塔屈泽努斯攻克君士坦丁堡后,发现皇帝约翰和皇后安娜正忙于在大公会议上对付几位对立方的僧侣②;后来穆罕默德二世围城时,康塔屈泽努斯也放不下神学问题上的敌意③,忙于参与佛罗伦萨大公会议甚于对

---

① 帕列罗古斯。参阅康塔屈泽努斯:《两位安德罗尼库斯传》(Cantacuzène, *Vie des deux Andronic*),第Ⅰ卷,第Ⅰ章。——孟注
② 康塔屈泽努斯,第Ⅲ卷,第ⅩCⅠⅩ章。——孟注
③ 杜卡:《最后两位帕列罗古斯的故事》(Ducas, *Histoire des deux derniers Paléologues*)。——孟注

付突厥人军队①。

在日常的争论中,人人觉得自己可能有误,因而固执和顽固不至于达到极端的程度。但是,在有关宗教的争论中,由于事物的性质使然,人人都对自己站在正确一边把握十足,因而对那些不思改变自己,却想改变对方的人十分愤怒。

读过帕希梅尔史书的人都会看到,神学家们想要自行调解他们的分歧,过去没能做到,将来也不可能。书中说到一位皇帝②,他的一生都用来与僧侣聚会,听他们布道,促进他们相互靠拢;另一位皇帝则纠缠在没完没了的争论之中。人们感到,如果双方的方法、耐心和期盼没有差异,结束争论的愿望也一样,都以真诚看待己方的阴谋,尊重己方的仇恨,那么,就算到了世界末日,双方也不会和解。

有一个非常著名的实例。应皇帝的要求,宗主教亚森尼③的拥护者们与宗主教约瑟夫的追随者们签订了一项协议,协议规定,双方各自把他们的要求写在纸上,然后把两张纸统统扔进火盆,如果其中一张保持完整,就可视为上帝已经作出裁决,如果两张都烧掉,他们就终止争论,捐弃前嫌。结果两张纸都烧光了,双方于是

---

① 如果听了那位主张团结的神甫的弥撒,就会像怕火那样避之唯恐不及。大教堂被视为不信教者的神殿。一位名叫耿纳迪乌斯的僧侣发出威胁说,谁主张和平,就把谁革出教门(见于杜卡:《最后两位帕列罗古斯的故事》)。——编注(希腊教会和拉丁教会合并于1452年,并于当年12月12日在圣索菲大教堂举行盛大仪式予以确认。但是,耿纳迪乌斯却煽动民众进行骚乱。——编注)

② 安德罗尼库斯·帕列洛古斯。——孟注

③ 宗主教亚森尼于1266年被撤销职务,但是在此后40年中,他的门徒始终拒不承认官方任命的宗主教。——编注

第二十二章　东罗马帝国的虚弱

合二为一。和解持续了一整天,第二天,他们说,是否改变意见应该取决于内心说服,而不应该仅凭偶然性。于是战火重燃,争论比此前任何时候更加激烈①。

按理说,应该给予神学家们的争论以巨大关注,但是却不得不尽可能把它遮挡起来,因为费了这么大力气去平息这种争论的结果,反而是抬高了神学家的身价,让人觉得他们的思想方法既然如此重要,那就用这种思想方法来解决国家的安定和君主的安全问题好了。

指望神学家们靠他们的精明和睿智来结束争论,犹如试图设立一些学校,在授课中对荣誉心作精细的讲解,以此来清除决斗之风的想法一样,都是行不通的空想。

拜占庭的皇帝们行事都不太谨慎,当神学争论出现暂时的平静时,他们竟然发疯似的把它重新煽动起来。阿纳斯塔修斯②、查士丁尼③、赫拉克里乌斯④、曼努埃尔·科穆宁⑤,向他们的僧侣和人民提出了信仰的几个要点,然而,皇帝们即使找到了真理,也依然会说老百姓不认识真理。因此,在形式上,而且通常是在实质上,他们始终在犯罪,他们试图向人展示他们对教义的透彻了解,其实他们完全可以在他们所承担的其他事务中展示这一点。他们于是就上帝的本质展开琐碎而无聊的争论,由于学者们太傲

---

① 帕希梅尔,第Ⅰ卷。——孟注
② 埃瓦格里乌斯,第Ⅲ卷。——孟注(此注和下面三个注均系1748年版增添。——编注)
③ 普罗科庇乌斯:《秘史》。——孟注
④ 佐纳拉斯:《赫拉克里乌斯传》(*Vie de Héraclius*)。——孟注
⑤ 尼塞塔斯:《曼努埃尔·科穆宁传》(*Vie de Manuel Comnène*)。——孟注

气,上帝不但向这些学者隐匿自己,也不想向世上的大人物们展示自己。

以为世上有一种在任何方面都能独断专行的人间权力,这是一种错误的观点,这种人间权力从来没有,今后也绝不会有。权力再大也有边。当大领主在君士坦丁堡开征新税时,群情激愤使他发现了以往未能看到的界限。一个波斯国王可以从容地逼迫一个儿子去杀死父亲,或是逼迫一个母亲去杀死儿子①,但是,他却无法逼迫他的臣民喝酒。每个民族都有一种普遍精神,权力就建立在这种精神的基础之上,权力若是伤害普遍精神,那就是伤害权力本身,权力的行使也就必然到此为止了。

希腊人从来不知道教会权力的性质和界限,也不知道世俗权力的性质和界限各在何处,因而接连不断地时而向东,时而向西,总是迷失正确方向。这正是导致希腊人所有厄运的毒根。

人民的安宁有赖于教会权力和世俗权力的上述重大区分,这种区分不但建立在宗教的基础之上,也建立在理性和自然的基础之上。依据理性和自然的要求,有些事物应该切切实实地彼此分开,永远不能混同,唯有分开才能持续地存在。

在古代罗马,神职人员尽管不是一个单独的团体,但上述区分却是众所周知的,犹如我们今天一样。克劳狄乌斯把西塞罗的房舍献给了自由之神,西塞罗从流放地返回罗马之后,要求把房舍还给他。大祭司们就此作出决定,当年人民倘若并未就此事专门下

---

① 参阅沙尔丹:《波斯的政治和军事统治》(Chardin, *Description du gouvernement politique et militaire des Persans*),第 II 章。——孟注

达命令,那就应该物归原主而不会对宗教造成伤害。西塞罗说①:"他们宣布,他们所审查的只是将房舍献给神这件事的有效性,而不是人民制定的法律;他们以大祭司的身份已经审查了此事的有效性,以后他们将以元老的身份审查人民制定的法律。"

---

① 《西塞罗致阿蒂库斯的信》,第 IV 卷,第 2 封信。"随后,玛库斯·卢库鲁斯代表其全体同僚答复说:大祭司们是宗教事务的裁决者,元老们则是法律条文的裁决者;他本人已跟同僚们一起制定了宗教方面的规定,他们随后要在元老院里跟元老们一起制定法律。"——孟注

第二十三章 1)东罗马帝国长期存在的原因 2)它的覆灭

听完了我刚才所说拜占庭帝国的种种事情之后,有人自然会问:它怎么能维持这么长久呢?我认为有以下几个原因。

阿拉伯人进攻东罗马帝国并占领了若干行省之后,首领们为争当哈里发而闹得不可开交,最初的狂热之火所能燃起的只是内部纷争。

阿拉伯人征服波斯之后出现了内部分裂,实力大减,拜占庭人不必再将帝国的主要兵力派驻幼发拉底河沿岸。

一位名叫加里尼库斯的建筑师,从叙利亚来到君士坦丁堡后,发现了一种火的成分,用一根管子吹出来的这种火非同一般,无论是水还是用来扑灭普通火的东西都只能使它燃烧得更猛;希腊人于是占为己有,在此后的数百年中用来烧毁敌人的船队,尤其是阿拉伯人的船队,这些来自叙利亚或非洲的阿拉伯人对希腊人实行攻击,一直打到君士坦丁堡。

这种火被定为国家机密,君士坦丁七世波尔菲罗格尼托斯在留给儿子罗曼努斯的著作中谈及帝国的治理时告诉他,蛮族若是向他讨要"希腊火",就回答他们说,他无权把希腊火给他们,因为把这种火送给君士坦丁皇帝的那位天使,不允许把这种火传给其

第二十三章 1)东罗马帝国长期存在的原因 2)它的覆灭

他民族,此前曾有人胆大妄为,把这种火传给别人,结果此人在进入教堂时被天火吞噬。

哥特人和阿拉伯人在各自的地盘上到处摧毁商业和手工业时,君士坦丁堡是世界上唯一和最大的商业中心。丝织工场从波斯转移到了君士坦丁堡,自从阿拉伯人入侵之后,波斯的丝织业一落千丈。此外,拜占庭人还控制了海洋。国家因此而获得巨大的财富,应急物资自然也就相当充足,公共资金一旦有所短缺,立即就能得到补充。

且举一例。年迈的安德罗尼库斯·科穆宁不啻是拜占庭的尼禄。不过,尽管他几乎一无是处,倒有一点值得赞赏,那就是坚决制止权贵们的不公正和勒索行为。我们注意到①,在他执政的三年中,好几个行省得到重建。

最后,居住在多瑙河沿岸的蛮族安定下来以后,就不再令人恐惧,而且成了防御另一些蛮族的屏障。

就这样,帝国因治理不善而日趋衰败之时,却有一些特别的东西②继续支撑着它。恰如今天我们所看到的,一些欧洲国家尽管孱弱,却依靠来自西印度的财宝得以维持,教宗的世俗领地凭借民众对君主的尊敬得以维持,野蛮的海盗因阻挠小国进行贸易而使大国从中获益③,因而得以生存。

奥斯曼帝国今天的衰弱程度与当年拜占庭帝国大体相同,不

---

① 尼塞塔斯:《安德罗尼库斯·科穆宁传》(Vie d'Andronic Comnène),第 II 卷。——孟注
② 东西(choses)在 1734 年版中为原因(causes)。——编注
③ 他们在地中海骚扰意大利人的海上航行。——孟注

过,奥斯曼帝国还将长期存在,因为无论哪位君主若是继续征战,从而将帝国置于险境,欧洲①的三个精于利害关系的商业强国肯定立即挺身而出,捍卫奥斯曼帝国②。

上帝允许世界上有一些民族③徒劳无益地拥有一个大帝国,这是它们的福气。

巴希尔二世·波尔菲罗格尼托斯在位期间,阿拉伯人在波斯的实力被摧毁,当时波斯的苏丹是萨姆布拉埃尔的儿子马哈茂德,他从北方召来三千奥斯曼土耳其人作为辅助兵力④。被召来的士兵流露出某种不满情绪,马哈茂德遂派兵镇压,但被突厥人击败。马哈茂德怒不可遏,命令这些士兵身着女人的袍子前来见他。士兵们投向突厥人,突厥人首先击退守卫阿拉克斯河上桥梁的卫队,为大批同胞打开一条通道。

突厥人征服波斯后,在帝国的土地上从东到西广为扩散,罗曼努斯四世试图加以阻挡,结果是战败被俘。突厥人征服了拜占庭人在亚细亚所拥有的几乎全部土地,一直挺进到博斯普鲁斯。

稍后在阿历克西乌斯·科穆宁在位期间,拉丁人侵入西罗马帝国。不幸的是,两个民族因习俗不同而相互敌对由来已久,彼此仇恨很深,幸亏意大利人准备先对付他们所害怕的德意志皇帝,而

---

① 此处指英国。——编注

② 教宗利奥十世在位期间曾有一个计划,依据这个计划,皇帝应该经由波斯尼亚前往君士坦丁堡,法兰西国王应该经由阿尔巴尼亚前往希腊,其他君主则应在其他港口登岸。在我看来,如今针对奥斯曼帝国的计划是不认真的,或许是由一些不懂欧洲利益的人制订的。——孟注

③ 在1734年版中,此处为"突厥人、西班牙人等最适合的人……"。——编注

④ 参阅其父阿历克西乌斯的传记,第Ⅹ、Ⅺ卷。——孟注

第二十三章　1)东罗马帝国长期存在的原因　2)它的覆灭

不是他们所仇恨的拜占庭皇帝,否则,拉丁人和拜占庭这两个民族之间的恶斗早就爆发了。

就在这个当口,一种有关基督教的说法突然在欧洲广为传播:耶稣基督出生地和受难地遭到异教徒的亵渎,消除这种罪恶的办法就是把这些异教徒从这些地方赶走。喜欢打仗的人在欧洲比比皆是,这些人罪行累累,亟须消罪,有人向他们建议通过追随宗教激情去消罪,于是人人拿起十字架和武器。

十字军抵达东罗马帝国,包围并攻陷尼西亚,紧接着就把尼西亚还给拜占庭。正当异教徒们惊愕不已时,阿历克西乌斯·科穆宁和约翰·科穆宁却把奥斯曼土耳其人再度驱赶到幼发拉底河。

但是,不管拜占庭人能从十字军远征中获得多大好处,见到这许多豪气冲天的英雄和如此大量的军队一批批从自己的国家经过,无论哪位皇帝都不会不因处境险恶而浑身发抖。

皇帝们于是想方设法让欧洲人厌恶十字军的远征,致使十字军处处碰壁,背信弃义和背叛出卖随处可见,总之,凡是卑怯的对手所能做的无一缺失。

应该承认,为了让所到之处的人民能够忍受十字军的到来,带头进行十字军远征的法兰西人没有作出任何努力。从安德罗尼库斯·科穆宁对法兰西人的咒骂①中不难看出,我们在异族境内的行为根本就丝毫不加检点,那时我们法兰西人的毛病,正是今天我们被人斥责的那些毛病。

---

① 参阅尼塞弗里·布里埃尼:《君士坦丁十世和罗曼努斯四世传》(*Vie de Constantin Ducas et de Romian Diogène*)。——孟注

一个法兰西伯爵自说自话地登上皇帝宝座,博杜安伯爵上前拉住他的手臂说:"你应该懂得入乡随俗这个道理。"那个伯爵回答说:"说得好,一个乡巴佬坐在这里,这么多将领却都站着!"

随后到来的德意志人是世界上最优秀的民族,我们干的那些蠢事让他们吃够了苦头,他们无论走到哪里,都会遇到被我们激怒的人群①。

最后,憎恨达于顶点,威尼斯商人受到的恶劣待遇,加上野心、贪婪和虚伪的宗教狂热,终于促使法兰西人和威尼斯人对拜占庭帝国发动了十字军远征。

他们发现拜占庭人根本不会打仗,就像前不久鞑靼人发现中国人不会打仗一样。拜占庭人脂粉气十足的服装遭到法兰西人的嘲笑,法兰西人穿着花里胡哨的衣服走在君士坦丁堡大街上,手里拿着文具包和纸,以此嘲弄这个不再尚武的民族②,而且在战后拒不接受任何拜占庭人加入他们的队伍。

威尼斯人和法兰西人占领了整个西罗马帝国,选举佛兰德斯伯爵为皇帝,这位伯爵拥有的领地都在远处,不会让意大利人③眼馋。拜占庭依旧留在东罗马帝国,与奥斯曼土耳其人隔着高山,与拉丁人隔着大海。

拉丁人在战争中未曾遇到阻挡,发现了许多可以立足的地方,拜占庭人再度从亚细亚前往欧洲,重新占领君士坦丁堡和几乎整

---

① 尼塞塔斯:《马努埃尔·科穆宁史》(*Vie de Manuel Comnène*),第 I 卷。——孟注
② 尼塞塔斯:《马努埃尔·科穆宁史》,第 III 章,君士坦丁堡陷落后。——孟注
③ 此处指威尼斯人。——编注

第二十三章　1)东罗马帝国长期存在的原因　2)它的覆灭

个西方。

然而,这个新帝国只不过是原帝国的一个影子而已,既没有原来的资源,也没有原来的实力。

它在亚细亚所拥有的地盘仅限于梅安德尔河和这边的若干行省,在欧洲的土地则大多数是零散的小主权单位。

此外,在拉丁人占有君士坦丁堡的六十年中,战败者四处逃散,战胜者忙于打仗,所以,商业几乎全部转移到意大利的各个城市中去了,君士坦丁堡的财源丢失了。

国内贸易也由拉丁人经营。新近重新在此定居的拜占庭人什么都怕,于是与热那亚人达成妥协,给予他们免税通商自由[1]。威尼斯人虽然只同意休战而不愿意媾和,但因拜占庭人不敢得罪他们,所以他们也享受免税优惠。

曼努埃尔·科穆宁在攻下君士坦丁堡之前已经将海军废弃,但商业依然存在,想要重振海军并非难事。可是,新的帝国彻底放弃了海军,实力衰退日益加剧,因而也就无可补救了。

这个被大海分隔的国家拥有多个岛屿,许多地方的四周都是大海,却没有可供航行的船只。各个行省之间往来断绝,居民为了躲避海盗,只得往内陆迁徙,抵达内陆之后,又被要求住进堡垒,以防奥斯曼土耳其人的攻击[2]。

奥斯曼土耳其人此时对拜占庭人展开了一场奇特的战争,堪称名副其实的"猎人战"。他们常常为了抢人而一口气奔袭二百多

---

[1] 康塔屈泽努斯,第 IV 卷。——孟注
[2] 帕希梅尔,第 VII 卷。——孟注

里。这些奥斯曼土耳其人分别是多位苏丹的部属,所以无法通过送礼与他们媾和,若是与其中的某几股势力单独媾和,那是纯属徒劳①。他们皈依了伊斯兰教,宗教狂热使他们极其疯狂地蹂躏基督教徒的土地。此外,他们是世界上相貌最丑陋的民族,女人与男人一样奇丑无比②。奥斯曼土耳其人见到拜占庭女人后,再也看不上其他女人了③,于是劫人事件接连不断。总之,这些家伙无时无刻不在抢劫掳掠,从前给罗马帝国带来无穷灾难的也是这些匈奴人。

在拜占庭帝国残存的亚细亚土地上,到处都是奥斯曼土耳其人,免遭劫掠的民众都在他们到来之前逃往博斯普鲁斯,有船只可利用的人则去往帝国的欧洲部分,那里的人口因而骤增。然而,不久之后人口却又降了下来。原来是发生了激烈的内战,交战的两派各自邀请不同的奥斯曼土耳其人苏丹前来支援,突厥人提出的条件既苛刻又野蛮④:他们可以把在对方地盘上俘获的所有居民当作奴隶;两个派别一起动手,帮助邀请者把整个民族毁掉。

巴耶济德击败了其他所有苏丹之后,奥斯曼土耳其人倘若不

---

① 康塔屈泽努斯,第 III 卷。——孟注
② 哥特人乔南德斯讲述过一则北方人的传说:哥特人的国王费里梅尔进入色雷斯人的土地时,见到了一些巫婆,立即下令把她们赶得远远的,巫婆们在荒漠上游荡,与梦魇中的恶魔野合,生出来的便是匈奴人。——孟注
③ 米歇尔·杜卡:《约翰·马努埃尔、约翰和君士坦丁传记》(Michel Ducas, *Histoire de Jean Manuel, Jean et Constantin*),第 IX 章。君士坦丁七世在他的《使团摘录》中写道,蛮族来到君士坦丁堡后,罗马人不得不加倍警觉,不让他们发现自己的财富和女人。——孟注
④ 参阅康塔屈泽努斯:《约翰·帕里奥罗古斯皇帝和约翰·康塔屈泽努斯皇帝传记》(*Histoire des empereurs Jean Paléologue et Jean Cantacuzène*)。——孟注

是因为他们自己当时正处于被鞑靼人灭掉的险境之中,他们很可能就把后来穆罕默德二世所做的事完成了。

  我实在没有勇气叙说后来的悲惨情景,我只想说,在最后几位皇帝在位期间,东罗马帝国的全部领土只剩下君士坦丁堡的郊区一角,恰如莱茵河在投入大海之前变成了一条小溪。

有关《罗马盛衰原因论》的资料

134—141——对《罗马盛衰原因论》无用的文字。

134(572. Ⅰ, f°441 v°)——无论罗马人以他们喜欢的何种方式向我们讲述他们与高卢人的战争,他们毕竟签署了屈辱的条约;根据条约规定,罗马人今后只能在耕地时使用铁器,而被他们一再提到的布伦努斯尽管战败,却没有停止前进的脚步,也不曾放弃烧杀掳掠的行径。

135(573. Ⅰ, f°441)——腓力和珀尔西亚与其说是被击败,莫如说是被吓坏。埃及诸王低三下四地恳求高抬贵手,其余诸王一个个低头臣服,帕加玛和比提尼亚的国王更是以成为奴才自诩。

136(574. Ⅰ, f°441)——涅尔瓦在位时期被称为一个时代,在他之前先后有 12 位恺撒,就像出自同一家族似的,直到图密善方才终结,其实这都没有道理。苏埃托尼乌斯撰写了 12 位恺撒的传记,塔西佗为我们留下的几乎只有这 12 位皇帝的故事,看起来,大家已经习惯于把这12位皇帝放在一起,并且把涅尔瓦在位期间视为一个新朝代。

137(575. Ⅰ,f°442)——古人对于光荣和品德持有一种非常错误的观念,他们因宗教而把古代英雄视为来到人间展示自己的诸神;赫丘利、忒修斯以及另外一些人,都因他们的战功而被奉为诸神,因此之故,那些仿效他们的人也都被视为兼具美德和优良品质的人,远胜其他人。

亚历山大自然就会出于虚荣心,自诩与赫丘利和巴克斯同是朱庇特之子。他丝毫不认为,他所做的是与他们所做的同样的事,他只是一个人,在他们之后做了他们曾经做过的事而已。可以这么说:在某段时间里,赫丘利和巴克斯就是亚历山大,或者反过来说,亚历山大就是赫丘利和巴克斯。

这些人英勇征战,却不知道为什么,有什么用。他们蹂躏大地只是为了展示自己的品德和健强的体魄。我们若是能够更好地掂量一下这些事情的价值,这些英雄就变得滑稽可笑,以至于想要捍卫他们的人比他们更加滑稽可笑一千倍。

138(576. Ⅰ,f°442 v°)——安东尼·马尔库斯——从来没有一位哲人比他更让人们体会到自己温柔的品德和自身的尊严:心被感动,灵被放大,精神得到提升。

139(577. Ⅰ,f°442 v°)——自由总是以激烈的方式获得,却在不知不觉中消失①。

140(579. Ⅰ,f°444)——条件差的国家通常比较自由,因为它们无法向君主提供称王称霸所需的一切。

141(580. Ⅰ,f°444)——任何伟业永远都不可能在珀尔西亚手中获得成功。此人既悭吝又愚不可及,竟然认为保护他的财宝与保卫他的国家无关,对于他来说,凡是可能让他破费的事,都不是保护他自己的手段。一旦获得小小的一点成功,他就欺骗盟友。一旦遇到一点挫折,他就垂头丧气,六神无主。他只需把守住前往马其顿的通道就行。可是他却因惊惶失措而打开这条通道。总之,这位君主碌碌于蝇头小利之争,把狡诈视为为君主的唯一美德,事必躬亲却丝毫不懂成功之道。

如果说他曾具有某些个人品德,那是指他处在如下的境况中:希腊人民开始看到,罗马人对他们谈论自由,只不过为了当他们的主子而已。罗得岛人只愿意以中介身份行事。

142—146 ——对于《罗马盛衰原因论》来说是多余的东西。

142(673. Ⅰ,p. 466)——当你发现,一位君主一生作了无数好事,却遭到史学家的贬斥,那就可以肯定,他所处的时代对于这些史学家的思想方式的影响,超过了这位君主的美德对他们的影

---

① 我觉得已经把这句话写进了《罗马盛衰原因论》。——孟注

响。另一位君主劣迹斑斑,却被捧上云端,那么同样可以肯定,他所处的时代所造成的偏见,使得史学家不能以理性来看待这位君主的种种弊端和恶行。

143(673. Ⅰ,p. 467)——东方人和非洲人在战争中使用大象,只在对阵某个国家的初战中效果较好,令对方恐惧万分。但是,对方很快找到办法让大象狂怒,调过头来攻击己方。

144(676. Ⅰ,p. 467)——罗马人很幸运,他们找到了一种装置,可以方便地拴住敌方的船只。他们的士兵比迦太基士兵优秀,善于作战。他们虽然不懂航行技术,也不认识海岸位置,不掌握季节和时间等等,但是他们具有荣誉感等优势,以至于他们的执政官卢塔提乌斯能以一场胜利结束第一次布匿战争。

145(677. Ⅰ,p. 468)——迪奥说,奥古斯都曾试图让人称他为**罗慕洛斯**,但是当他获悉人们担心他企图自立为王以后,便放弃了这一想法[①]。

早期罗马人不希望有国王,因为他们无法忍受国王的权力。罗马人起初根本不想要国王,以免被迫接受国王的习俗。恺撒、三巨头执政官和奥古斯都尽管都是名副其实的国王,但是他们毕竟还保持着平等的外表,在他们的私生活中毕竟还显示出某些与当

---

① 放入《论法的精神》。——孟注(见《论法的精神》,第十九章,第 3 节。——编注)

时其他国王的奢靡格格不入的东西。早期罗马人不想要国王,这意味着他们想要保持原有的习俗,不愿接受非洲人和东方人的习俗。

佛罗伦萨的简朴习俗。

亚历山大试图得到马其顿人的崇敬,实在是他的不幸。

想要改变政体的君主,控制了国家却又不想让人民有所察觉的君主,应该尽一切可能保持共和国的简朴习俗,因为,人民看到的往往是共和国的外表,没有任何东西比这一点更能让人民觉得,国家根本没变或者只有一点点变化。佛罗伦萨的大公们在这一点上做得极其出色,他们执掌了统治权,却保持着共和国的简朴。

146(678. Ⅰ,p. 469)——奥古斯都设置了一项税,税额为收入的二十分之一①,人民和元老院都有微词。于是他让人民和元老院探索一种税额较低的征税方法。人民和元老院都很为难,结果只得依旧维持二十分之一的税额。臣民们一听到某些税收的名目就可能陷入绝望,君主们想把他们从中解脱出来并非难事。人民天生的弱点和人为的无知状态使他们染上了某些疾病,若是不愿把病患治愈,那就心肠有点太硬了。

147(713. Ⅰ,p. 480)——一个在世界上声誉卓著的团体,倘若能不受拘束地编撰一部现代史,我想,那些以其良知和成就而受到编撰者关注的君主,都是伟大的君主,其余的君主都是渺小的

---

① 放入《论法的精神》。——孟注

君主①。

148(714. Ⅰ, p. 480)——由士兵②选举皇帝的惯例起源于共和国时代,某位将领完成了一件壮举,士兵们便宣布他为皇帝。皇帝只是一个荣誉称号③,但是,当这个称号拥有权力时,军队继续赋予这个称号,于是就如我们所见到的那样,称号成就了事业,统治着天下。

149—151 ——未能写进《罗马盛衰原因论》的文字。

149(714. Ⅱ, f°219)——我就塔克文曾说:"在那个时候,人们对于一个人的统治持远离态度。韦伊人因为有了一位国王而被托斯卡纳的所有城市抛弃。阿尔巴自行恢复自由。波塞纳王国没能继续存在。"

我就塔克文的性格曾说:"世界上的一切都不是黑白分明的。在一个机制良好的国度里,恶劣的行径始终含有某种公共美德的成分,在一个腐败的共和国里所看到的美德,往往包含着某些腐败的成分。"

150(1479. Ⅱ, f°219)——塞尔维乌斯把选举国王的权力和

---

① 我曾把这段话写入《罗马盛衰原因论》,后来删除了。——孟注
② 这段话也被我删除了。——孟注
③ 这两个称号并不因此而不煊赫,因为,当某位皇帝完成了一件壮举后,士兵们尊称他为"Imperator"。(边注)。——孟注

任命民事法官的权力,从元老院转移到人民手中。他支付了一些人的债务,把土地分给无地民众,消除了征税中的专断行为,免除一些贫苦公民的税赋。他还接纳释奴参加公民大会,接纳平民进入元老院①。

151 (1480. Ⅱ, f°219, v°)——加图是没收塞浦路斯国王财宝的那项可耻法律的执行者,他的全部美德就是不对掠夺者实行掠夺。

152—154.——从即将新版的《罗马盛衰原因论》一书中删除的文字,以及未能写入该书新增部分的文字②。

152 (1522. Ⅱ, f°236)——罗马军队中有一种病,叫作"营地病"③。原来罗马军队没有堡垒,而是以营地替代堡垒,士兵们拥挤地驻扎在营地中。为了防止营地病,罗马军队经常更换营地,这样一来,士兵们由于体力劳动增多而变得更加强壮。

153 (1532 bis. Ⅱ, f°237)——公民有三种炫耀身份的手段:一是比出身,例如贵族与平民相比;二是比等级,例如元老与骑士相比,骑士与普通百姓相比;三是比老子,例如父辈当过坐象牙椅高

---

① 参阅狄奥努西乌斯·哈里卡尔纳斯,第Ⅳ卷以及佐纳拉斯的著作。——孟注
② 被删除的文字未在此处刊出,请见《罗马盛衰原因论》的脚注。——编注
③ 参阅韦格蒂乌斯,如今已见不到这种病,现今的营地比罗马人的营地宽阔。——孟注(参阅韦格蒂乌斯:《兵法简述》,第Ⅲ卷,第Ⅲ章。——编注)

官的人，这一点与我们眼下的贵族有点儿相似。

154（1532 ter. Ⅱ，f°237v°）——这条脚注在巴黎版中被检查官删去：

"如果查理一世和詹姆斯二世时代的宗教允许自杀，前者就不必如此死去，后者就不必如此活着。"

155—159——未能写入《罗马盛衰原因论》的文字。

155（1669. Ⅲ，f°16）——喀提林的密谋计划不周、方向不明、难于开始、不可能完成；与其说是出于野心，莫如说是由于无能和绝望使然。

但是，此次密谋有其独特之处，那便是这是一个参与者众多的毁灭罗马共和国的谋划。从苏拉手中分到土地的人，被苏拉夺走土地的人，野心勃勃的权贵，两手空空的穷人，憎恶庞培的人，支持元老院的人，站在人民一边的人，所有这些人都期待着发生一次巨变。

我们在西塞罗的信札中看到了有关罗马人的腐败的货真价实的材料……

喀提林的密谋之所以在历史上非常有名，是因为在这次密谋中杀人很多、参与或支持此次叛乱的权贵人数很多。因为，这是一次计划不周、方向不明、难于开始、不可能完成的预谋；与其说是野心使然，莫如说是由于无能和绝望。

156（1670．Ⅲ，f°16 v°）——苏拉当上执政官之后，与他的同僚通过抽签决定行省的归属，获得了与米特拉达梯开战的授权。马略为了阻止苏拉的行动，竭力在共和国内制造前所未有的混乱。他借助新的法律和暴力，争取到了保民官苏尔皮西乌斯的支持，把意大利各城市的小民召到罗马，从而把苏拉获得的授权夺了过来。

苏拉匆匆跑去找军队，马略连忙赶到听命于他的那几个军团的驻地卡普阿，向官兵们讲清了马略想要加诸他们的过错，还向其他士兵许诺跟随他作战的荣耀和好处，各个军团于是在他的带领下攻入罗马，撵走了马略及其同伙①。

157（1671．Ⅲ，f°16 v°）——君士坦丁和另一位我不愿指名道姓的君主，都是历史学家们既可以任意褒扬，也可以任意贬斥的君主。

158（1672．Ⅲ，f°17）——有人或许希望我对罗马共和国的政治体制作一番详细的论述，我倒是要请大家读一读波利比乌斯的相关著作，他对执政官、元老院和人民在这个政体中的地位和作用作了很好的解析。尤为重要的是，他笔下的罗马共和国正处在克服了危机、取得了重大成就的时刻。

159（1674．Ⅲ，f°17 v°）——怀有对贵族强烈仇恨的罗马人民，更换手法而不更换目标，他们起初通过削减特权来降低贵族的

----
① 阿庇安：《内战记》，第Ⅰ卷，的LV—LX节。——孟注

地位，随后则通过提高一个人的权力来降低贵族的地位。

雅典人民对于所有曾经为他们效力并有所建树的那些人，怀有一种与生俱来的忌妒。他们为了不至于永远害怕那些人，便干脆彻底摆脱那些人。罗马人民则恰恰相反，他们非常崇敬那些因功勋卓著而出人头地的人，总是给他们增添新的荣誉，似乎非要亲手把他们打造成暴君不可。原因在于，雅典人民是由经过挑选的公民组成的，他们感到自己是自由的，而人数奇多的罗马小民则自认为是奴隶。雅典人民最怕主要公民的野心，罗马小民最期盼的是得到伟业建树者们的青睐；每当他们听到某位将领大获全胜时，心里暗暗呼唤这位将领赶快前来顶替傲气十足的贵族。雅典人民人数不多，睿智的人能够让他们听从劝导，找到让他们关顾自身利益的办法；罗马小民人数奇多，难以听取教导和警告，无法得到纠正。

元老院的处境不佳，甚至无法得到其组成人员的保护。有些试图发财致富的人如同保民官那样煽动人民，大多数人则另有自己的许多利益，而且往往把自己的利益凌驾于元老院的利益之上。唯有少数几位在民事管理中表现得十分出色，而且私产极少的人堪称名副其实的元老。然而，对共和国的热爱似乎变得不合时宜了。当所有人都追随苏拉、马略、恺撒、庞培、克拉苏斯的时候，唯有法沃尼乌斯和加图继续谈论往昔的习俗和法律[①]。

[①] 请注意，在第 456 页上另有一些未能写入《罗马盛衰原因论》的文字。——孟注

160—179——未能写入《罗马盛衰原因论》的文字[①]。

160(2183. Ⅲ,f°456)——"公民人口普查是明智之举,借此可以探明公民的现状以及他们的实力。人口普查制度的首创者是塞尔维乌斯·图利乌斯,欧忒洛庇在他的著作第Ⅰ卷[②]中写道,此前全世界从无人口普查制度。"

这是我从《罗马盛衰原因论》中删除的一条脚注。我本想增添以下文字:"欧忒洛庇说,在他之前全世界从无人口普查制度,他的这句话不太对。"

161(2184. Ⅲ,f°456)——他们已经没有政治品德和军事才能,只能依仗民法知识和无耻地滥用民法知识的技艺获得尊贵,这种技艺在于戕害无辜,纵容罪恶。

162(2185. Ⅲ,f°456 v°)——老板。老板与顾客彼此应尽的义务,非常有助于罗马人维持他们的某些美德。

163(2186. Ⅲ,f°456 v°)——这些允许人人得以诛杀丧失忠诚的罪人的法律,对于制造恐怖而言是好法,但可能很危险。然而,不管怎么说,对于法律准许人人得以诛杀暴君这一点,不必感到惊奇。这符合罗马人的习俗,他们在对待另外一些罪行时也是这样。

[①] 请注意,这些文字开始于第16页。——孟注
[②] 欧忒洛庇:《罗马简史》,第Ⅰ章,第Ⅶ节。——编注

应参阅《费斯图斯辞典》(Festus)和其他辞典中的动词 sacer 条。

努玛制定的法律对拆毁或移动界碑的罪行（参阅狄奥努西乌斯·哈里卡尔纳斯，第 410 页）①，以及对人民保民官施暴者，也都有相同的规定②。

164(2187．Ⅲ,f°457)——囚犯不再被视为公民，必须重新做人，否则就不再是罗马公民③。

165(2188．Ⅲ,f°457)——由于叙利亚帝国的衰落，从塞琉古开始，行省的行政长官职位就在同一个家族中传承。借助这些行政长官的欺诈，海盗们到处畜奴④。

166(2189．Ⅲ,f°457 v°)——在我的斯特拉波（第 XIV 卷）摘录中可以看到，罗马人为何往往不愿信任罗马的官吏，却信任某些需要永远受人尊敬的外省国王。

167(2190．Ⅲ,f°457 v°)——在雅典，攀登城墙是不被允许的，违者处以死刑⑤。我觉得，与其说这是一种危险的想法，莫如说这

---

① 狄奥努西乌斯·哈里卡尔纳斯，第 II 卷，第 LXXIV 节，第 V 卷，第 LXXXIX 节。孟德斯鸠此处指该书的 1586 年法兰克福版。——编注
② 狄奥努西乌斯·哈里卡尔纳斯，第 133 页。——孟注
③ 参阅该法。——孟注
④ 参阅我所做的斯特拉波摘录，也可参阅他的著作，第 XIV 卷。——孟注
⑤ 参阅麦克尔·以弗西乌斯：《亚里士多德的政治学》。——孟注

是一种不公正的想法。因为正如马塞林纳①所说,既然法不禁止,何来不公正之说?我以为,正是这种思维方法从希腊人传到罗马人,杀死了勒摩斯。

168(2191. Ⅲ,f°458)——请看我对君士坦丁七世·波尔菲罗格尼托斯的《论至善与至恶》一书"通史"卷第 309 页所做的摘录,卡拉卡拉赋予帝国所有臣民以罗马市民权的原因是增加税收。

169(2192. Ⅲ,f°458)——哥特人是否如乔南德斯所说,是从斯堪的纳维亚迁移到亚速海地区,抑或恰恰相反,是从亚速海迁移到斯堪的纳维亚,这是一个问题。有人说,这些民族在米特拉达梯的军队中服役,米特拉达梯试图率领他们攻入罗马,但是被罗马人的武器或惊吓击败,逃窜到斯堪的纳维亚。这种说法收录在我对北方民族所作的解释中。

170(2193. Ⅲ,f°458 v°)——在瓦勒里安和加列努斯在位期间,斯基泰人渡过多瑙河,并再次劫掠色雷斯之后,围攻伊利里亚的帖萨罗尼亚,结果被击退。惊恐万状的希腊人为解除威胁,派遣一支卫队前往德摩比利。雅典人把苏拉时代以来未曾修葺的城墙修葺好。伯罗奔尼撒的居民为自卫修筑了一道城墙,自海边延伸到地峡。斯基泰人……带着战利品返回原地。

---

① 马塞林纳(Marcellin)(生活在公元 500 年前后)评论过赫尔摩根(Hermogène)的修辞学著作。——编注

171(2194.Ⅲ,f°459)——《罗马盛衰原因论》。——罗马人有一种思维方式,把奴隶与人分成完全不同的两类①。

罗马人驱使奴隶与猛兽搏斗,把奴隶当作角斗士使用,为取乐而让他们互相残杀。到了夜间,罗马人让奴隶们在深坑里过夜,奴隶们顺着梯子下到深坑之后,罗马人就把梯子搬走。他们一时性起就无缘无故杀死奴隶。主人若是在自己家中被杀,他的奴隶无论是否有罪,也不管总共有多少奴隶,一律都被处死。患病或年迈的奴隶都被赶出门外,送到医神阿斯克勒庇俄斯庙里去。他们剥夺奴隶最珍贵的七情六欲,剥夺奴隶妻子的妇德,剥夺奴隶女儿的贞操,剥夺奴隶孩子的财产。

为什么要亵渎人类的天性?为什么要为自己制造与生俱来的敌人?为什么要减少公民数量?为什么只要被震慑于恐惧的人?

奴隶之战!这是亘古至今最正义的战争,因为战争的目的就是阻止对人类本性最粗暴的滥用。

所有立法者的不幸……所有国家的不幸……

奴隶越多,奢华越甚。

在一个国家里不应该有一个不幸的群体。

角斗士和奴隶,他们展示的是忠诚。

罗马人自以为生活在一个伟大的国家里,无须再期盼什么,也无须担心什么,然而,三件事却让他们陷于覆灭的危险之中。

辛布赖人和条顿人都是未曾相识的敌人,他们如同汉尼拔那样在某个时刻突然出现,从意大利攻击罗马。他们的人数、凶残和

---

① 参阅有关金矿和银矿的法典中的相关条文。——孟注

吼声让罗马人大惊失色。他们来到罗马,若不能战胜,就要被歼灭。马略、苏拉幸运地将他们歼灭,从而把北方民族后来进行的巨变推迟了数百年。

不久之后又发生一场战争,这场战争的危险性丝毫不比前一场小,因为这场战争旨在粉碎共和国内部的一个人群,而所有对外战争的命运都系在他们身上。众所周知,罗马周围的那些小共和国把政府的一部分权力交给了罗马人,其依据是罗马人此前与殖民地签订的协议或给予殖民地的优惠。

因此之故,罗马虽然腐化成风,却依然拥有足够的力量抗击接连发生的三次危机:辛布赖人和条顿人之战、奴隶战争和角斗士之战。罗马共和国在这三个事变中尤其值得称道之处是,条顿人几乎未曾抵抗就一败涂地,另外两次事变被镇压下去后,并未伤及罗马共和国的政体,不像后来的社会战争和随后的和平时期,罗马的政体遭到彻底的破坏。

172(2195. Ⅲ, f°460 *bis* v°)——李锡尼的舰队和君士坦丁的舰队的船只数量。李锡尼的舰队比较强大,他可以调动的三层桨战船数量极多:埃及的80条、腓尼基的80条、伊奥尼亚的60条、多利斯的60条、塞浦路斯的30条、卡里亚的20条、比提尼亚的39条①。

---

① 参阅佐西穆斯,第114页。——孟注(佐西穆斯:《罗马史》,第Ⅱ卷,第LXXII节。——编注)

173（2196. Ⅲ，f°460 bis v°）——据奥卢斯·格利乌斯（第XXIV卷）记述，阿提尼亚法规定，元老可以兼任保民官。设置保民官这个职务为的是控制元老院，保民官既然可以由元老兼任，这个官职也就失去了效用。

174（2197. Ⅲ，f°461）——**罗马的腐化**。——维斯蒂莉亚[①]宣布自己是妓女，目的是逃避为保护女主妇的尊严而制定的法律。

提比略法把罗马贵妇们从这个可耻的掩蔽所赶了出来。

175（2198. Ⅲ，f°461）——**关于西罗马帝国的终结**。——哪里见过这样的国家：一部分土地用于为那些完全独立的军队提供给养，另外一部分土地则用于为另外一批军队提供给养，以便控制那些完全独立的军队！

176（2199. Ⅲ，f°461 v°）——马其顿的国王们有一个习惯，把百姓从一地迁往另外一地，原因是这个国家由多块土地组成。请看查士丁在他的书中（第Ⅷ卷，第77页）就亚历山大之父腓力所说的话。再请看李维书中所记珀尔修斯之父腓力所说的话。他们的兴致、政策和意图都一模一样。

177（2200. Ⅲ，f°462）——再也谈不上战功了。皇帝们在罗马忙于惩治让他们讨厌的人，就连品德稍稍超群的人都害怕。为此，

---

① 塔西佗，第Ⅱ卷，第XXXV节，第43页。——孟注

皇帝们想方设法阻挠建立功勋。于是，我们看到的都是防御战，进攻性的战争被阻止。将领们甚至不再考虑沙场建功的事。即使建立了功勋，也只能得到一些凯旋饰物。应该授予的荣誉往往被拒绝授予，不应该获得荣誉的人却往往获得了荣誉，尤其是许多人根本不配获得荣誉，所以，将领们不再把军功和荣誉放在心上了。此外，恺撒的地方行政长官们由于权限有所增加，往往干扰将领们的行动。我相信，皇帝们的这一政策，自从日耳曼尼库斯大胜以来，在数百年时间中，是蛮族在多瑙河和莱茵河后面重振旗鼓和以千人数级急剧增加的原因。

178（2201．Ⅲ，f°463）——普洛布斯在战胜蛮族、法兰克、勃艮第人、汪达尔人之后，派遣一部分人前往英格兰，这些人后来在那里安顿下来，为罗马人提供了很好的服务①。

普洛布斯把他征服的斯基泰民族的巴斯塔内人安置在色雷斯，巴斯塔内人此后一直保持忠诚，始终是罗马人。这是因为普洛布斯在罗马鼎盛时期就是这样做的，而且非常谨慎②。

179（2202．Ⅲ，f°463 v°）——我们感到很惊奇，每年更换的罗马执政官一个个都是大人物，都是了不起的英雄。他们就像我们的国务秘书，既是出色的部门长官，又是出色的国务秘书，与此同

---

① 佐西穆斯，第Ⅰ卷，第 390 页。——孟注（佐西穆斯：《罗马史》，第Ⅰ卷，第 LXVIII 节。——编注）

② 佐西穆斯，第Ⅰ卷。——孟注（佐西穆斯：《罗马史》，第Ⅰ卷，第 LXXI 节。——编注）

时，他们还是出色的部队和军团的首长，出色的头领①。

180（2244. Ⅲ, f°467）——《罗马盛衰原因论》资料续②。在一些凯旋庆典中，许多此前不认识的国王画像在罗马人民眼前闪过；在另一些凯旋庆典中，罗马人民以仇恨带来的愉悦心情，看着沃尔西人的畜群和萨莫奈人破碎的武器从面前走过。对于他们来说，前面那种场面远不如后面那种场面更让人感到舒心。

180a. 第 Ⅳ 章。当今一场持久的战争为何具有毁灭性。——最终颠覆我们对罗马人的想象的，是我们现今找不到一个如同当年罗马人那样的民族，能够长久地保持对其他民族的优势；这是由于我们现今的处境与当年不同。

军事方面的新发现拉平了所有人的力量，其结果是各个民族的实力都相差无几，在战术、武器、军纪和作战技艺方面，各个民族如今几乎处于同一水平。

180b. 荷兰的土地是当代该国居民辛勤劳动的成果，可以说是从芦苇底下开发出来的。荷兰为我们提供了大量的军队。因为，在欧洲只要有一个角落可以让这些军队生存下去，人们就会把它们聚集起来；若想从其他地方获得这些军队，那就得费尽心机全力以赴。

---

① 参阅佐西穆斯，第Ⅰ卷，第 467 页。——孟注
② 同上书，第 463 页。——孟注

180c. 关于海战，如果注意到罗盘带来的变化，那就会看到，海战比任何时候更耗资巨大，更不具有决定作用。

180d. 以专制权力治国的皇帝与坏皇帝不能相提并论，不应将他们混为一谈。

论罗马人的宗教政策

宗教之所以能在罗马人当中站稳脚跟，既不是出于恐惧，也不是因为仁慈，而是如同任何一个社会那样，罗马也需要一种宗教。先王们对宗教信仰和宗教礼仪的关心，丝毫不亚于立法和修筑城墙。

我发现，罗马立法者与其他民族的立法者不同，罗马立法者为国家而确立宗教，其他民族则为宗教而建立国家。塔提乌斯和努玛让诸神服务于政治，他们创建的宗教信仰和宗教礼仪被认为极为明智，以至于先王们被驱逐之后，宗教竟然是人民在疯狂地追求自由时唯一不敢摆脱的枷锁。

罗马的立法家们创立宗教时，并不想改变人们的习俗，也不是为了订立道德原则，他们丝毫不想为那些刚刚进入社会，因而对自己的社会义务尚无认识的人制造麻烦；他们只有一个总体看法，那就是让天不怕地不怕的老百姓对诸神有所畏惧，借此把老百姓引导到他们异想天开的方向去。

凡是努玛未曾做过的事，他的继任者们一件也不敢做。人民如今远非从前那样凶残和粗暴，他们能够接受更为严格的纪律。把宗教礼仪所缺的道德原则和规矩增添进去，原本并非难事，可是，罗马的立法者们十分明智，他们意识到这种改革所蕴含的巨大的风险,因为若是在宗教礼仪中增添道德原则和规矩,那就等于承认宗教有缺陷,默认宗教已经衰老了[①];结果肯定是事与愿违,本意是增强宗教的威望,结果却是削弱宗教的威望。罗马人凭借自己的智慧,采用另一种更好的办法,那就是制定新的法律。人间的机制可以变化,神界的机制应该像诸神那样永远不变。

罗马元老院于是任命佩里乌斯为大法官[②],负责审读努玛死后四百年在一个石匣里发现的这位国王的著作。这位大法官在审读报告中指出,努玛的著作中所规定的宗教礼仪与现今实施的宗教礼仪差异甚大,若是实施努玛制定的宗教礼仪,普通百姓可能心生疑虑,怀疑当今所宗奉的这种宗教的创立者并非早年的立法者,而是女神埃吉里娅。元老院于是通过决议,把努玛的著作付之一炬。

元老们还采取了更为审慎的措施,进一步作出规定:未经元老院许可,不得阅读女神埃吉里娅的书籍;只有在重大时刻需要抚慰人民时,方才准许阅读这些书籍。即便如此,也不准对这些书籍作任何诠释,况且这些书籍始终都处于封存状态。由于采取这些明智的措施,狂热分子和反叛分子被解除了武装。

未经官员许可,预言家们不得就公共事务发表任何意见,这样一来,他们的预言才能被置于元老院意志的绝对支配之下。大祭司们的著作对此作出了规定,在西塞罗的著作中可以读到这些著

---

① 参阅《波斯人信札》,第 60 封信。——编注
② 李维,第 XL 卷,第 XXXIX 章。——孟注

作的片断①。

波利比乌斯把迷信也视为罗马人胜过其他民族的优越性之一。他说,对智者来说是可笑的事,对愚者来说却是必要的。罗马人民动辄怒气冲天,有必要用一种无形的力量来束缚他们。

预言家和占卜师们都是信奉异教的怪异人物,可是,我们如果想到,在一种深得民心的宗教中,任何事情都不显得荒诞怪异,那么,这些预言家和占卜师就丝毫也不滑稽可笑。罗马人的轻信可以弥补一切,在他们看来,与人的理性越是相悖的事情越具有神性。一个简单的真理不可能强烈地触动他们,他们需要赞美的对象和神性的朕兆,而这些只有在神奇的事物和可笑的事物中才能找到。

国家能否得到拯救竟然取决于母鸡的胃口和牺牲品内脏的位置,这确实荒唐透顶;不过,把这些宗教礼仪引进来的人,对于这些宗教礼仪的长处和短处一清二楚。他们只不过是以正当理由为名,行反对理性之实。这种宗教信仰倘若比较合乎理性,聪明人当初或许如同民众一样会上当受骗,人们原本期待这种宗教带来的优越性也就荡然无存。所以,宗教礼仪应该既能维持一些人的迷信,又能进入另一些人的政治,占卜正是如此。元老们见多识广,既明白占卜的荒谬,也深知占卜的用处,于是,天上的决断便在占

---

① 西塞罗:《法律篇》,第 II 卷,1587 年版,第 441 页。"由他们讨论战争。但是,如果采取这样的决定,怪事和恶兆应该提交伊特鲁里亚的占卜师们决断。"——孟注(又见于该书第 440 页。"公共祭司分为两类:一类负责典礼和神圣礼仪;另一类解释为元老院和人民所承认的占卜师和先知所说的含义不明的话。"——孟注)

卜中通过他们的嘴传达出来。

西塞罗曾说①,占卜师法比乌斯认定的一条规律表明,凡有利于共和国的事必有吉兆。他跟马塞路斯的想法相同②,他认为,当初因民众的轻信而使占卜师应运而生,但那时对占卜师的使用仅限于对国家有利的事。他认为罗马人与外邦人不同,外邦人无论做什么事情都求助于占卜师,而罗马人则仅仅在事关公众利益时方才求助于占卜师。西塞罗告诉我们③,击打在左侧的雷电都是吉兆,唯有公民大会召开时例外。在公民大会召开时,判断朕兆的常规不起作用了,官员们随心所欲地对朕兆的吉凶作出判断,朕兆于是就变成了他们勒在民众脖子上的缰绳。西塞罗还说④,为国家作出决定、召开公民会议、票决法律、审判民众、选举新的官员等事项,均需询问主要公民。此前他还说,圣书中有如下表述⑤:当朱庇特因发怒而打雷时,不应召开公民大会。他指出,官员们作出这条规定的目的,是为中断公民大会提供借口⑥。此外,对于为祭祀而被杀的牲畜来说,显示的朕兆是吉是凶无关紧要;因为,第一头作为牺牲被杀的牲畜若是没有带来令人满意的结果,接着就杀第二头、第三头和被叫作"替死鬼"的第四头。埃米利乌斯·保鲁

---

① 《论老年》,第542页。"凡有利于国家的事情必然是最大的吉兆,凡是有损于国家法律必然是最大的凶兆。"——孟注
② 《论占卜》,第 II 卷,第 XXXV 节。——孟注
③ 同上书,第395页。——孟注
④ 同上书,第395页。——孟注
⑤ 同上书,第338页。——孟注
⑥ "出于对人民有利的考虑,制定了这条规定;其实是为中断公民大会提供借口。"见《论占卜》。——孟注

斯想要圆满完成祭祀,不得不接连杀了二十头牲畜,直到杀死了第二十头牲畜时,才在这头牲畜身上发现了有望取胜的朕兆,此时诸神方才息怒。由此而形成的习惯认为,祭牲时后杀的牲畜永远比先杀的价值大。恺撒不像埃米利乌斯·保鲁斯那样有耐心,苏埃托尼乌斯说[①],恺撒杀了几头牲畜后没有发现吉兆,当即以不屑的神情离开祭坛,径直走进元老院。

　　由于官员掌控着预兆,所以他们握有可靠的手段,既能让人民避免一场必定惨败的战争,也能让人民进行一场定能带来好处的战争。始终跟随军队行动的占卜师们,与其说是诸神旨意的表述者,毋宁说是统帅意志的诠释者,他们总是能够让士兵们充满自信。万一官兵们因出现了凶兆而心生恐惧,机智的统帅总会将朕兆的含义作另一番解释,把凶兆说成吉兆。西庇阿就是这样,他从战船跳上陆地时不慎跌倒,他机灵地抓起一把泥土,说道:"哦,非洲的土地,我把你抓在手中了!"跌倒本来是个凶兆,但是他却用这句话变凶为吉了。

　　西西里人登舟出征非洲时发生日食,官兵们惊恐万状,想要放弃此次远征,统帅见状对官兵们说道:"日食如果发生在我们登舟之前,那确实是凶兆,可是,事实是日食发生在我们登舟之后,那就只能是非洲人的凶兆了。"他以这番话把令人丧气的朕兆,变成了鼓舞士气的手段。

　　占卜师多次警告恺撒,不要在冬季之前渡海前往非洲,他置若

[①] "杀死多个牺牲后,却未能见到吉兆,他置宗教法于不顾,径直走进元老院。"参见《尤利乌斯·恺撒传》,第Ⅰ卷,第LXXX节。——孟注

罔闻,敌人因此而获得情报,如果不是因为恺撒行动敏捷,敌人就有足够时间调集兵力。

克拉苏在祭牲时无意中将刀子失落在地上,众人都觉得这是一个凶兆,他却不以为然,安抚众人道:"打起精神来!毕竟我的利剑从未掉在地上。"

鲁库拉斯即将对提格兰开战,有人跑来对他说,这一天不是吉日。他回答道:"好极了,我们用胜利来把它变成吉日。"

傲慢者塔克文想要为女神马涅娅举行一些竞技比赛,于是祈求阿波罗降谕,阿波罗含糊其词地回应说,要祭献许许多多脑袋方可。这个迷信而又残忍的君主于是杀死了好几个儿童;但是,布鲁图斯改变了这种骇人听闻的祭献,他祭献的是大蒜头和罂粟头,神谕就这样被执行了,或者说被规避了[1]。

死结若是解不开就干脆剪断;克劳狄乌斯·普尔凯尔想要进行一场海战,于是把一些神圣的小鸡扔进海里,他说,既然它们不想吃食,那就让它们喝水[2]。

将领若不依照预兆行事,有时会受到惩处,这是罗马的一项新政策。主政者希望借此告诉民众,事情没有办成、城市被夺走和作战失利,这些都不是国家机制不佳的后果,也不是共和国国力不强的结果,而是某位公民亵渎神明,招致诸神发怒的后果。用这种道理进行说服,进而为民众所信服并不困难,只需进行若干宗教礼仪和祭牲就可以做到。所以,每当城市受到威胁或是遭遇天灾人祸

---

[1] 马克洛比乌斯:《农神节》,第Ⅰ卷,第Ⅶ节。——孟注
[2] 瓦莱里乌斯·马克西姆:《善言懿行录》,第Ⅰ卷,第Ⅳ节,第3条。——孟注

时，总是归咎于因疏于敬奉而触怒了某位神祇。为了避免此类事件发生，需要举行祭礼和列队游行，用火把、硫黄和盐水把整个城市净化一次。用作牺牲的牲畜在勒死前被人牵着绕城堡走一圈，这叫绕城祭献礼①。有时甚至要对所有陆军和海军都搞一次净化，说是净化后的官兵人人士气重振。

大占卜师斯凯沃拉和大神学家瓦罗说，许多真事必须不让民众知道，而让他们相信许多假事。圣奥古斯丁说②，瓦罗由此发现了国家高官们的全部政治秘密。

据圣奥古斯丁的报告③说，就是这个斯凯沃拉把诸神分成三类，一类是诗人认定的，一类是哲人认定的，一类是官员即主要公民认定的。

既熟读罗马史又多少有点洞察力的人，每一步都能发现我们所说的政策的踪迹。例如，我们看到，西塞罗时刻都在独自和向众多的朋友忏悔自己的不信神④，还在公众面前以异乎寻常的激情谈论弗里斯的不信教。我们看到了克劳狄乌斯蛮横无理地亵渎善良女神的隐秘，元老院鉴于他不信教而先后作出二十次谴责他的决议，元老院曾经狠狠地打击过他，他向元老院发表一通激情四射的演说，指责元老院鄙视古老的做法和宗教。我们看到，所有公民中最腐败的萨鲁斯特为自己的著作写了一篇序言，其严肃与庄重堪与加图相比。我若想穷尽所有的实例，绝不会像他这样做。

---

① 绕城一周的祭献礼。——孟注
② 他揭示了一个治理人民和城市的好办法。见《上帝之城》。——孟注
③ 《上帝之城》，第 IV 卷，第 XXXI 节。——孟注
④ 你难道认为我会糊涂到相信这些事情吗？——孟注

尽管官员们自己并未落入宗教陷阱,但不能因此而以为他们根本不信宗教。拉夫·卡德沃斯先生①有力地证明,不信教者当中有一些头脑清醒的人,他们敬仰一种至高无上的神明,民众对他们的崇拜只是一种分享。不信教者在信仰方面比较随便,他们认为,敬奉神明本身与信奉神明显灵没有区别。比如,首先,敬奉维纳斯所体现的大自然的消极力量或曰至高无上的神性,是因为她能产生一切;敬奉太阳或最高存在物,因为他给所有植物以生命,以其热能使土地肥沃。所以,斯多葛主义者巴尔布斯在西塞罗的著作②中说,"上帝以其本性照看世上一切事物,刻瑞斯以其本性照看大地,尼普顿以其本性照看大海。"如果我们拥有阿斯克勒比阿德编纂的那部名为《一切神学的和谐》的书,我们就能知道得更多。

世界灵魂教条几乎被普遍接受,人们把宇宙的每个部分视为一个有生命的成员,世界灵魂就散布在每一个有生命的成员中,所以,人们好像可以不加区别地敬奉宇宙的任何部分,信仰似乎应该是任意的,恰如教条一般。

由此而萌生了主导不信教世界的宽容和宽和精神。人们绝不会彼此迫害,相互厮打,各种宗教和各种神学各得其所,战争以及

---

① 卡德沃斯(Ralph Cudworth,1617—1688),《宇宙的理智体系》(*Système intellectuel de l'Univers*)和《道德观念的不变性》(*L'Immutabilité des idées morales*)的作者。——孟注

② 《论神性》,第 II 卷,第 XXVIII 节,第 210 页。——孟注(一个神属于一件事物的本质:刻瑞斯属于大地,尼普顿属于大海。其余的神属于其他地方。此事很容易理解。无论他们属于什么性质,习惯上叫什么名字,我们都有义务敬重他们,以我们的信仰显示他们的荣耀。——编注)

宗教争执在那里闻所未闻；只要去神庙敬神，每个公民就都是自家的大祭司。

罗马人比希腊人更加宽容，希腊人总是把一切搞糟，人人都知道苏格拉底悲惨的结局。

埃及宗教在罗马确实一贯被禁，这是因为埃及宗教缺乏宽容精神，总想唯我独尊，有我无他，把自己建立在其他宗教的碎片上；以至于罗马人一贯秉持的温柔与平和精神，反倒成了他们与埃及宗教不断进行战争的真正原因。元老院下令拆毁供奉埃及神祇的庙宇，据瓦莱里乌斯·马克西姆说①，埃米里乌斯·保鲁斯以身作则，带头发难，鼓动受到迷信惊吓的人们。

但是，塞拉皮斯和依希丝的祭司们建立这些礼仪的热情极高，远远胜过罗马人禁止这些礼仪的热情。据狄奥说②，尽管奥古斯都禁止在罗马采用这些礼仪，可是，当奥古斯都不在罗马时，负责掌管罗马全城的阿格里帕却不得不重申禁令。在塔西佗和苏埃托尼乌斯的著作中可以读到，元老院不得不多次颁布决定，把埃及宗教逐出罗马。

应该指出，罗马人分不清犹太人和埃及人，恰如他们分不清基督教徒和犹太教徒一样；埃及人的宗教和基督教长期被视为犹太教的两个分支，并与犹太教一起受到罗马人的仇恨、卑视和迫害。罗马废除埃及宗教礼仪的法令，总是把犹太教礼仪包括在内。塔

---

① 《善言懿行录》，第 I 卷，第 III 节，第 3 条。——孟注
② 迪奥·卡西乌斯的著作，第 XXXIV 节。——孟注

西佗①和苏埃托尼乌斯在提比略和克劳狄乌斯的传记中都是这样记述的。更为明显的事实是，史学家们从未把基督教信仰与其他信仰区分开来。哈德良时期的错误似乎始终未能得到纠正，这一点在这位皇帝从埃及写给执政官塞维亚努斯的信中看得很清楚②："所有崇拜塞拉皮斯的埃及人都是基督教徒，就连那些被称作主教的人也都信奉塞拉皮斯。无论是犹太人、王子、犹太教堂、撒玛利亚人、基督教教士、数学家、占卜师、洗浴者，不信仰塞拉皮斯的人一个也没有。犹太人的教士不加区别地既崇敬塞拉皮斯，也崇敬耶稣基督。对于这些人来说，塞拉皮斯就是上帝，基督徒的上帝，犹太人的上帝，所有各族人民的上帝，此外再无别的上帝。"竟然把这三种宗教混做一团，还有比这更加糊涂的观念吗？

埃及人的教士属于特殊人群，由民众供养，由此产生了诸多不便：国家的所有财富被一群人吞噬，他们永远只收入，不偿还，声色不动地把一切都弄到自己这边来。衣食无忧的埃及教士们无所事事，在闲逸中消磨时光，唯有闲逸带来的恶习能让他们走出闲逸；他们稀里糊涂、焦虑不安、殷勤谄媚；他们沾染了这些毛病之后就变得非常危险。总之，这是一群怪物，其利益与国家利益毫不相干；谁制造这个怪物，谁就在社会中播下了不和与内战的种子。罗马不是这样，罗马人把教士这个职务变为民事职务，占卜师和大祭司都是官员，担任这些职务的官员都是元老院的成员，因此，他们

---

① 塔西佗：《编年史》(Annales)，第 II 卷，第 LXXXV 节。——孟注
② 弗拉维乌斯·沃庇斯库斯：《萨图尼努斯传》(Flavius Vopiscus, Vita Saturnini)，载《奥古斯都史》(Historiae, augustae)，1620 年版，第 245 页；1661 年版，第 II 卷，第 719 页。——孟注

没有不同于元老院的利益。他们非但不会利用迷信欺诈共和国，反而有效地借助迷信支持共和国。西塞罗说①："在我们的城市里，以前的国王和后来接替国王的官员都具有双重身份，都借助宗教权威执掌国家权力。"

双头执政者执掌着圣事，十五掌礼官照看宗教仪式，保管女预言家的书籍，也就是过去十大执政官和双头执政官所作的那些事。每当元老院命令他们向神谕传达者进行咨询时，他们都遵照执行，然后提出报告，并在报告中提出他们自己的看法。他们同时也是负责执行女预言家在书籍中提出的要求的官员，他们还要组织世俗竞技比赛，借此让所有宗教仪式都经由官员之手来完成。

罗马的诸王负有一种圣职，某些宗教仪式只能由他们来主持完成。几位塔克文被赶下台后，有人担心人民会发现宗教发生了某些变化，于是设立一种官职，叫作祭典王，这位官员在祭祀中担当过去由国王担当的角色，他的妻子则被称作祭典王后。这是罗马所保留的王政时期的唯一遗存。

罗马人的一个长处是他们的立法者是最睿智的君主，世俗历史从未谈及这一点。这位伟大的君主在他在位期间，竭尽全力实现正义和公正。他不仅让他的臣民感受到他的宽松政策，也让他的邻国感受到这一点。他建立了祭司团，团员都是祭司，没有他们的参与，媾和与开战都不可能。这些祭司团员在与某个民族媾和

---

① 《论占卜》，第Ⅰ卷，1587版，第4卷，第369页。——孟注（在古代，执掌权力的人同时也掌握占卜术。在我们的城市里，懂得占卜的国王以及拥有同样圣职的人，以宗教赋予他们的角色治理着国家。——编注）

时使用的若干誓言格式一直流传至今。一位祭司团员在罗马与阿尔巴媾和时的讲话,保存在李维的著作中①:"如果罗马人民通过公开讨论或是借由欺骗手段,率先违背誓言,请朱庇特击打他们,就像击打在他掌控下的猪一样。"言毕,他立即用石头把那头猪击倒。

开战之前,派出一位祭司团员到给共和国造成损害的那个国家去表示不满。他给他们留下一段时间相互商量,以便找出重建良好关系的办法来;如果对方对于调整彼此关系不热心,这位祭司团员就立即掉头,离开这个不地道的国家,告辞之前要向对方援引两位天神和两位地狱之神;直到此时,元老院只是下令做它认为正确和虔诚的事。所以,凡是发生战争,从来都不是仓促之间发生的,而是经过了长时间的深思熟虑之后才开战的。

罗马人的宗教政策在他们获得胜利之时发展得更好。倘若当初迷信被听取,胜利者的诸神早已被送到战败者那里,战败者的庙宇早已被推倒;通过建立新的宗教信仰,战败者早已被置于比原先更加悲惨的被奴役地位。不过,罗马人的实际作为要好得多,他们主动信奉外邦的神明,并把外邦的神明接纳到自己内部来,借助人与人之间这种最强大的联系,罗马与各族人民联接在一起,在外邦人眼里,罗马是宗教神坛的坛主,而不是世界的主人。

不过,为了不增加神的数量,罗马人以希腊人为榜样,巧妙地把外邦的神与他们自己的神融为一体,如果他们在征服战争中发现某个神与罗马人所崇敬的神有某个相似之处,他们就崇敬他,同

---

① 李维:《罗马史》,第Ⅰ卷,第ⅩⅩⅣ节。——孟注

时用一位罗马神的名字来称呼他,与此同时,如果我敢这样说的话,罗马人还赋予这位神以罗马市民权。所以,当他们发现,某位著名的英雄将某个妖魔从国土上清除出去,或是征服了某个野蛮民族时,他们立即赋予此人以赫丘利的美名,塔西佗说:"我们一直打到了大西洋①,在那里找到了赫丘利之柱,或许赫丘利确实到过那里,或许是我们把一切与他的光荣相称的东西,一股脑儿都记在他的名下了"。

据瓦罗统计,驯服这些妖怪的人有四十四位,而依据西塞罗的统计只有六位②、二十二位缪斯、五个太阳、四个火神、五个墨丘利、四个阿波罗、三个朱庇特。

尤塞比乌斯走得更远③,据他统计,有多少民众就有多少朱庇特。

严格地说,除了共和国之神,罗马人没有别的神,他们不大在意他们在神话中造成的混乱和混淆。人民的轻信始终超越可笑和怪诞,一切因此而得到弥补。

---

① 参阅《日耳曼人的习俗》(*Des Moeurs de Germains*),第 XXXIV 节。——孟注

② 《论神性》,第 III 卷,第 XVI 节,第 332 页;第 XXI 节,第 340 页;第 XXII 节,第 341 页;第 XXIII 节,第 341 页。——孟注

③ 尤塞庇乌:《福音书前期准备》(Eusèbe de Césarée, *Praoepratio evngelica*),第 III 卷。——孟注

图书在版编目(CIP)数据

罗马盛衰原因论/(法)孟德斯鸠著;许明龙译. —北京:商务印书馆,2016(2022.2 重印)
ISBN 978-7-100-12077-7

Ⅰ.①罗… Ⅱ.①孟…②许… Ⅲ.①古罗马—历史—研究 Ⅳ.①K126

中国版本图书馆 CIP 数据核字(2016)第 049601 号

权利保留,侵权必究。

罗马盛衰原因论
〔法〕孟德斯鸠 著
许明龙 译

商 务 印 书 馆 出 版
(北京王府井大街36号 邮政编码100710)
商 务 印 书 馆 发 行
北京艺辉伊航图文有限公司印刷
ISBN 978-7-100-12077-7

2016年4月第1版　　开本 850×1168　1/32
2022年2月北京第3次印刷　印张 7
定价:32.00元